MS OFFICE WORD

EASY BUSINESS COMPUTING 2

MS Office Word

조현정 권아름

도서출판 청람

머 리 말

4차 산업혁명 시대가 도래함에 따라 2020년까지 선진국에서 일자리 710만 개가 사라질 것이라는 예측이 나오고 있다. 이러한 사회환경이 도래함에 따라 최근 대학에서는 '학교에서 직업세계로(School to Work)', '직업세계에서 학교로(Work to School)'와 같이 직업과 교육의 긴밀한 관계를 강조하고 있다. 이는 고도성장을 하던 산업사회에서는 교육과 기업의 관계가 긴밀하지 않아도 학생들이 취업을 하는 데 어려움이 없었고, 학교는 기업의 요구에 세심하게 귀를 기울이지 않아도 성장할 수 있었지만, 지식기반사회에서는 기업의 요구에 귀를 기울이고 기업의 요구에 맞는 적절한 인재를 배출해야 하며, 기업의 수요에 민감해야 하기 때문이다. 따라서 이러한 변화에 맞춰 대학에서는 NCS(National Competency Standards)에 기반을 둔 교육과정을 개발하여 기업의 요구에 알맞은 전문직업인을 양성하기 위해 노력하고 있다.

이러한 시대의 다양한 변화 속에서 컴퓨터 활용능력은 더욱 중요시되고 있는데, 이는 컴퓨터 활용능력이 단지 컴퓨터를 잘 사용할 수 있을 뿐만 아니라 상대에게 자기의 의사를 잘 전하기 위한 커뮤니케이션 능력을 포함하기 때문이다. 이에 따라 많은 대학 및 학과에서는 컴퓨터 활용과 관련된 교육을 하고 있는데, 본서 『Easy Business Computing』은 전문대학생, 4년제 대학교 저학년 및 사회 초년생을 위해 쉽게 비즈니스 컴퓨팅과 관련한 내용들을 다루고 있다.

『Easy Business Computing 2』는 『Easy Business Computing 1』에 이은 비즈니스 컴퓨팅과 관련된 두 번째 책으로 MS Office Word에 관해서 다룬 책이다. 본문은 전체 11장으로 구성되어 있으며, 제1장 워드 2016 소개, 제2장 기본문서 작성하기, 제3장 서식으로 문서 꾸미기, 제4장 글머리 기호 목록 작성하기, 제5장 페이지 설정과 인쇄하기, 제6장 페이지 꾸미기, 제7장 개체 삽입하기, 제8장 표 작성하기, 제9장 차트 작성하기, 제10장 스타일 작성하기, 제11장 편지 병합 문서 작성하기 등으로 구성되어 있다. 각 장은 다양한 화면을 통해 처음 공부하는 사람들도 쉽게 따라할 수 있도록 구성되었으며, 특히 전문대학 및 4년제 대학의 저학년 과목에서 쉽게 활용할 수 있도록 서술보

다는 화면 위주로 쉽게 구성하였다.

또한 저자들은 추후에는『Easy Business Computing 3』에서 MS Office PowerPoint와 MS Office Publisher를 다룰 예정이다.

이 책은 지속적으로 강조되고 있는 비즈니스 컴퓨팅능력을 쉽고 재미있게 키우기 위해 펴낸 책이다. 국내에 다양한 비즈니스 컴퓨팅 관련 책들이 있지만, 전문대학생 및 4년제 대학교 저학년을 대상으로 쉽게 접근할 수 있도록 편찬된 서적은 그리 많지 않다. 비록 이 책이 부족하고 미흡한 면이 있지만 전문대학 및 4년제 대학의 교육현장에서 학생들의 비즈니스 컴퓨팅능력을 키우는 데 도움이 될 수 있길 바란다.

마지막으로 이 책이 출간되기까지 수업에서 만났던 많은 학생들과 물심양면으로 지원해준 청람출판사 이수영 대표님과 편집부 여러분께 깊은 감사를 드린다.

2018년 2월

조현정・권아름

- 이 책과 관련된 연습시트 예제들은 도서출판 청람 홈페이지 일반자료실에서 다운받으실 수 있습니다.
- Microsoft 콘텐츠 사용과 관련 “Microsoft의 허가를 받아 사용했습니다.”

차 례

Chapter 01 워드 2016 소개

Chapter 02 기본문서 작성하기

Chapter 08
표 작성하기

Chapter 09
차트 작성하기

Chapter 10
스타일 작성하기

Chapter 11
편지 병합 문서 작성하기

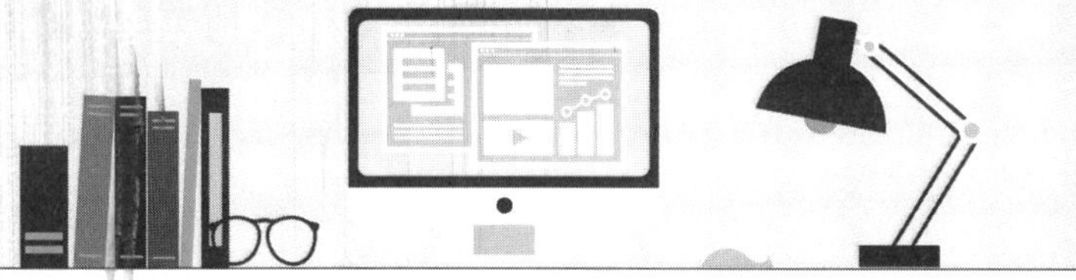

Chapter

01

워드 2016 소개

01 워드 2016 소개

Chapter

1 워드의 다양한 기능

1) 워드란

문서 작성을 위한 워드 프로세싱 프로그램의 한 종류이며, 이를 이용하여 보다 효율적으로 문서를 작성하고 구성할 수 있다.

2) 워드의 기능

- 서식 파일로 새 문서 작성
- 읽기 다시 시작
- 온라인 그림 삽입
- 라이브 레이아웃 및 맞춤 안내서
- 새로운 읽기 모드
- 온라인 비디오 삽입 및 재생
- PDF 파일 열고 편집
- 컨트롤을 활용한 손쉬운 표의 행/열 삽입

2 워드 시작하기

1) 워드 시작하기

(1) 시작 메뉴에서 실행하기

작업 표시줄에서 [시작]을 클릭하고 [Microsoft Word 2016]을 차례로 클릭한다.

(2) [시작] – [실행] 메뉴 이용하기

작업 표시줄에서 'Windows 검색' 입력란에 워드의 실행 파일명인 'word 2016'을 입력한 후 Enter↵를 누른다.

※ '프로그램 및 파일 검색' 단축키 : 윈도우키+R

(3) 워드 파일 더블 클릭하기

전에 작성해 저장해 둔 워드 파일을 더블 클릭한다.

(4) 바로가기 아이콘 이용하기

바탕화면이나 빠른 실행 도구 모음에 만들어 둔 '바로가기 아이콘'을 더블 클릭하여 실행한다.

2) 워드 종료하기

제목 표시줄에서 마우스 오른쪽 단추를 클릭하고 [닫기]를 한다.

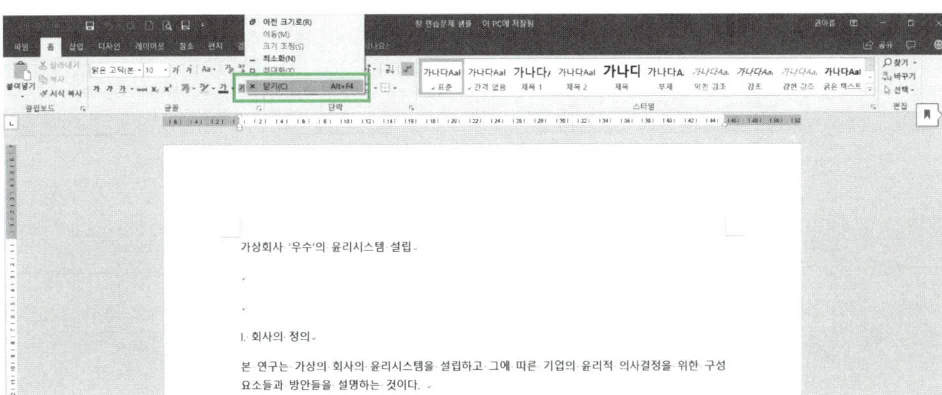

[파일] 메뉴에서 [닫기]를 선택하여 프로그램을 종료한다.

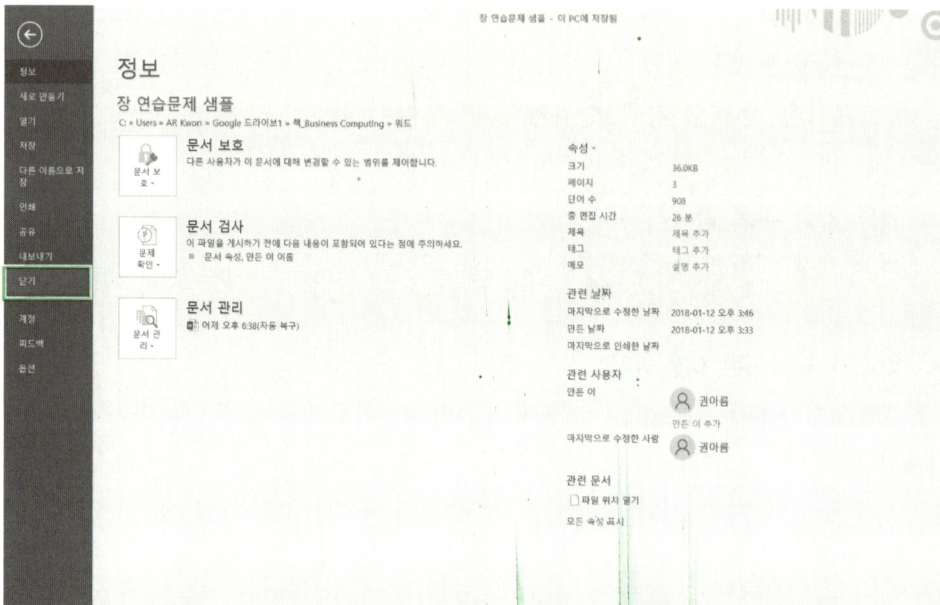

리본 메뉴 표시 옵션의 ✕ 아이콘을 클릭하고 종료한다.

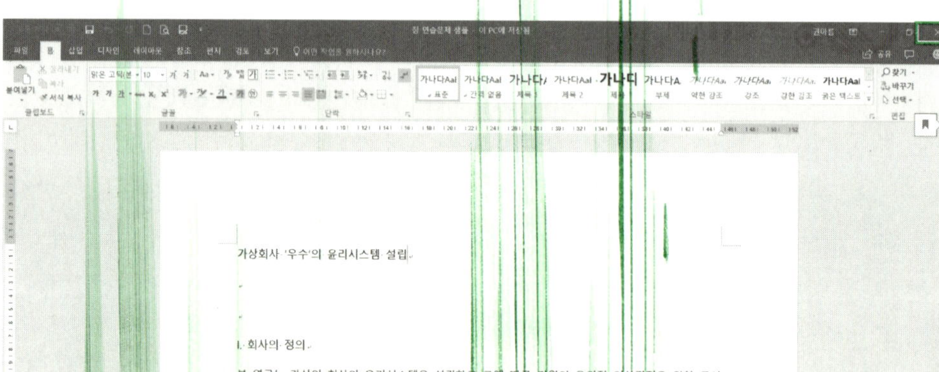

프로그램을 종료하는 바로가기키인 Alt + F4를 누른다.

3) Word 2016 시작하기

❶ 새 문서 : 기본 서식으로 새 문서를 시작한다.

❷ 서식 파일 : 서식 파일을 이용하여 새 문서를 시작한다.

❸ 검색 창 : 키워드를 입력하여 온라인 서식 파일 및 테마를 검색한다.

❹ 최근에 사용한 항목 : 최근에 사용한 파일 목록에서 선택하여 연다.

❺ 다른 문서 열기 : 다른 경로의 파일을 연다.

4) 시작 화면 표시하지 않기

[파일]－[옵션]－[일반]－'이 응용 프로그램을 시작할 때 시작 화면 표시'를 체크 해제 후 확인을 누른다.

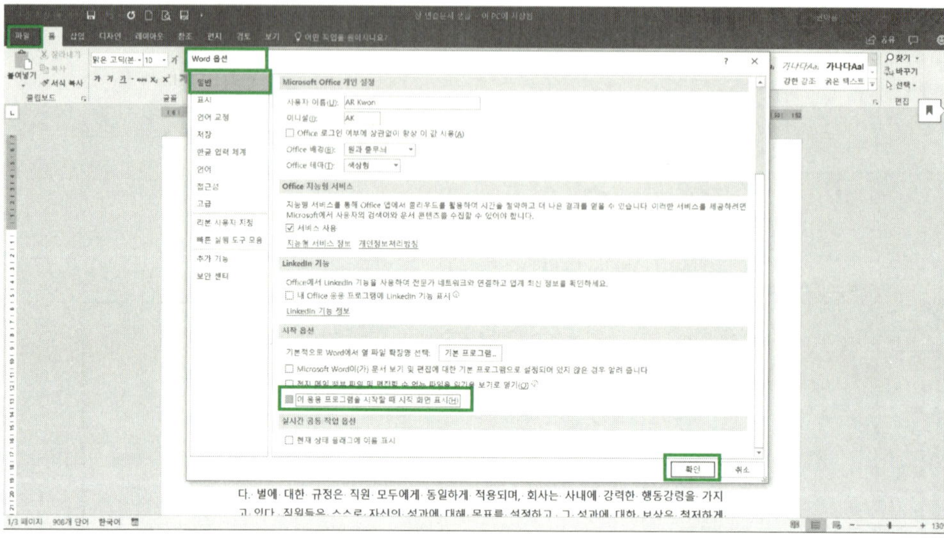

3 워드 2016의 화면 구성

1) 화면 구성 소개

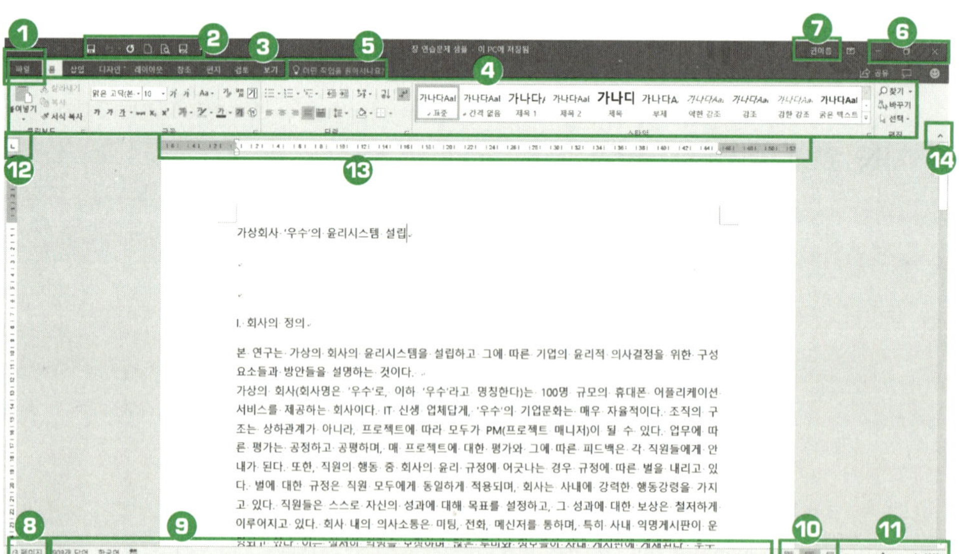

1. **[파일] 탭** : 파일을 열거나 닫고, 저장 및 인쇄할 수 있다. 공유, 계정 내보내기 등으로 문서를 관리할 수 있으며, 워드 옵션을 지정할 수도 있다.
2. **빠른 실행 도구 모음** : 자주 사용하는 도구들을 모아 둔 것으로, 필요에 따라 추가 및 삭제할 수 있다.
3. **탭** : 클릭하면 리본 메뉴가 펼쳐지고, 작업 상황에 따라 기본적으로 제공되는 탭 외에 상황별 탭이 추가로 나타난다.
4. **리본 메뉴** : 선택한 탭과 관련된 명령 단추들이 펼쳐지며, 비슷한 기능별로 묶인 몇 개의 그룹으로 구성되어 있다.
5. **도움말 단추** : 워드 2016에서 제공하는 도움말을 살펴볼 수 있다.
6. **리본 메뉴 표시 옵션** : 리본 메뉴의 탭과 명령을 모두 나타내거나 접어서 사용할 수 있는 옵션을 제공한다.
7. **사용자 계정** : 로그인한 사용자의 계정과 등록한 사진을 표시한다.
8. **페이지 번호** : 문서의 페이지 번호를 표시하며 클릭하면 [탐색] 창에서 문서를 검색할 수 있다.
9. **상태 표시줄** : 단어 수, 언어 교정, 언어 정보 등을 나타내며 마우스 오른쪽 단추를 클릭하면 사용자가 정보를 선택하여 표시할 수 있다.
10. **보기 형식** : 읽기모드, 인쇄 모양, 웹 모양 등 워드 문서의 보기 형식을 선택할 수 있다.
11. **확대/축소 슬라이드 바** : 드래그하면 작업 공간의 보기 비율을 좀 더 쉽게 확대/축소할 수 있으며, 10~500%까지 조정할 수 있다.
12. **탭 선택기** : 클릭할 때마다 왼쪽, 오른쪽 탭으로 종류가 변경되어 설정된다.
13. **눈금자** : 가로 및 세로 눈금자를 삽입하여 문서의 텍스트, 그래픽, 표 등을 포함한 기타 요소를 정렬할 수 있다. [보기] 탭－[표시] 그룹에서 [눈금자]의 체크를 해제하면 눈금자 표시를 감출 수 있다.
14. **리본 메뉴 축소 아이콘** : 작업 화면이 좁아 보기 불편하면 리본 메뉴를 축소하고 탭 이름만 표시할 수 있다.

2) 워드 2016의 문서 보기

(1) 읽기 모드

- [보기] 탭–[보기] 그룹–[읽기 모드]를 클릭하거나 상태 표시줄에서 [읽기 모드] 단추를 클릭한다.
- 읽기 모드에서 표나 차트, 이미지 등의 개체를 더블 클릭하면 해당 개체를 확대해 볼 수 있다.

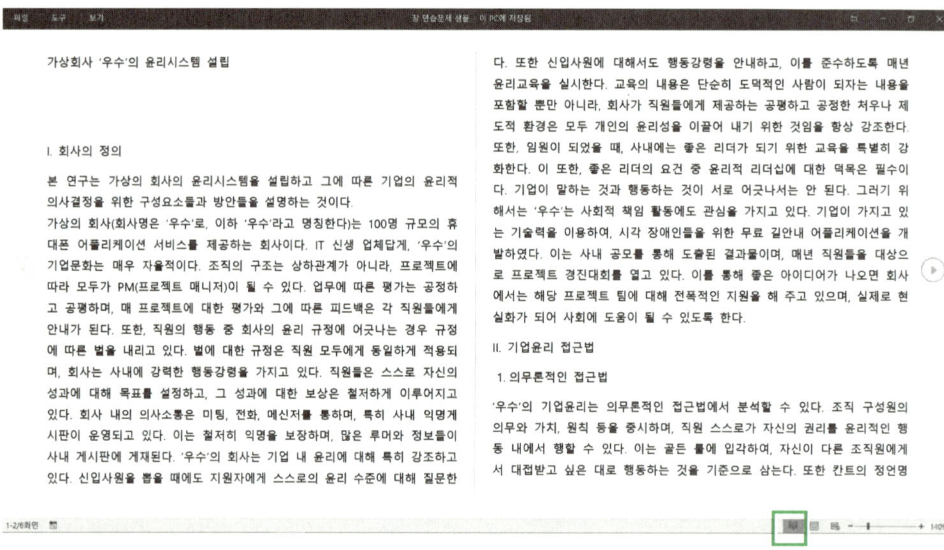

(2) 인쇄 모양

- [보기] 탭–[보기] 그룹–[인쇄 모양]을 클릭하거나 상태 표시줄에서 [인쇄 모양] 단추를 클릭한다.
- 워드 2016을 시작하면 기본 보기로 표시된다.

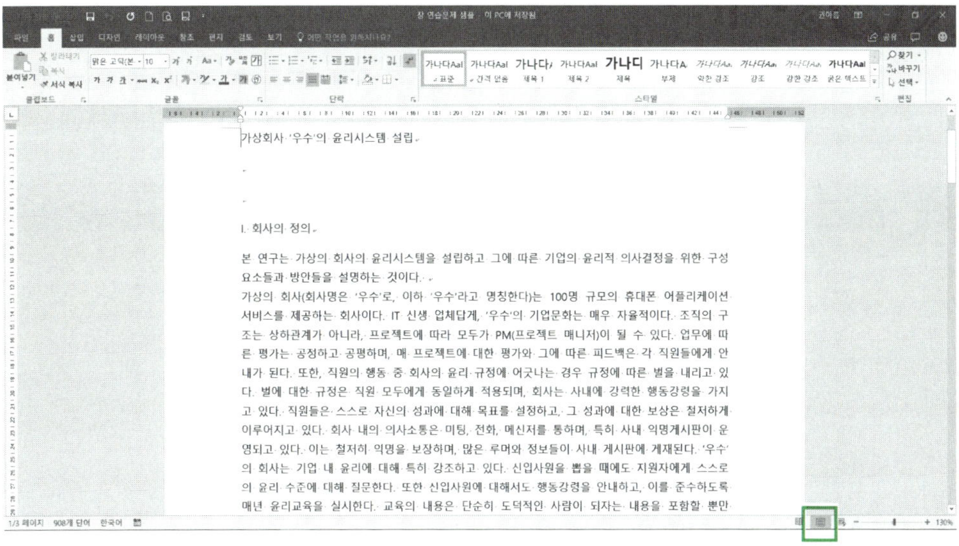

(3) 웹 모양

[보기] 탭-[보기] 그룹-[웹 모양]을 클릭하거나 상태 표시줄에서 [웹 모양] 단추를 클릭한다. 화면에 표시할 웹 페이지나 문서를 만들 때는 웹 모양에서 작업하는 것이 편리하다.

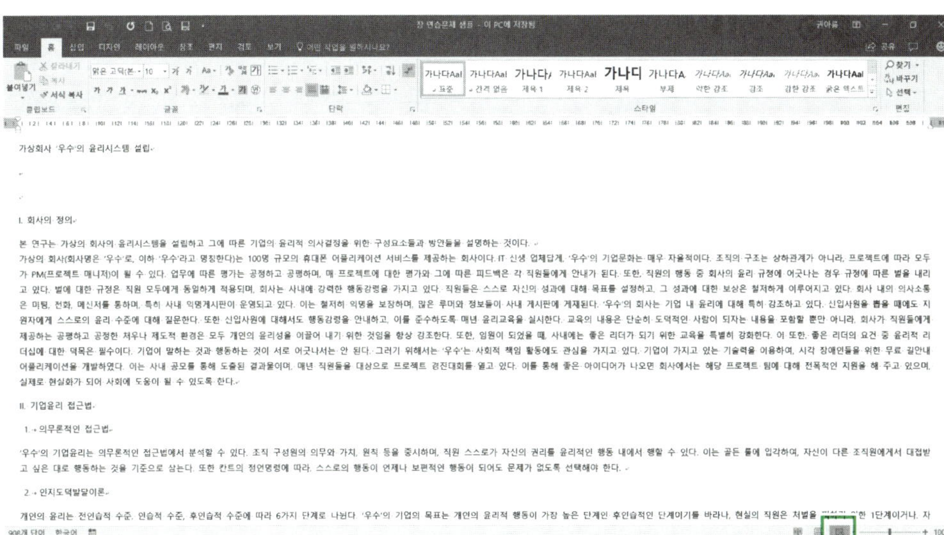

(4) 개요 보기

[보기] 탭－[보기] 그룹－[개요]를 클릭한다. 개요 도구를 사용하여 문서의 구조 및 제목을 관리할 수 있다.

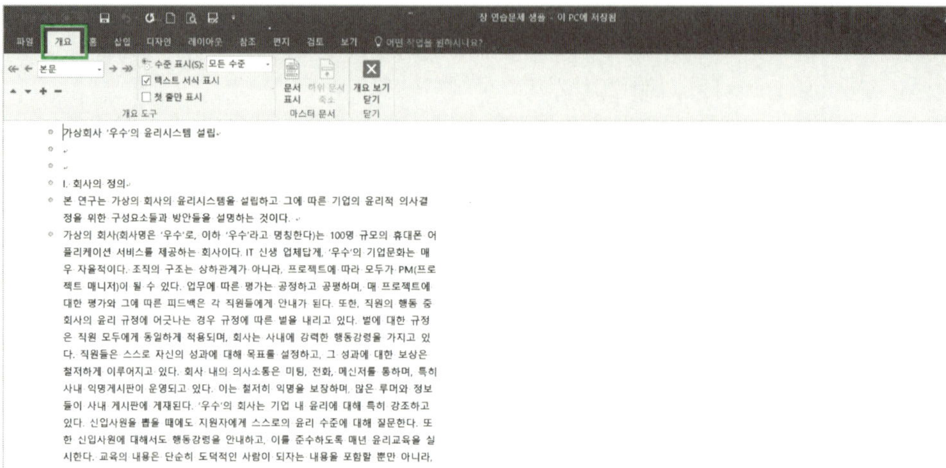

(5) 초안 보기

[보기] 탭－[보기] 그룹－[초안]를 클릭한다. 머리글/바닥글과 같은 특정 개체가 표시되지 않아 문서에만 집중할 수 있어 텍스트 수정에 용이하다.

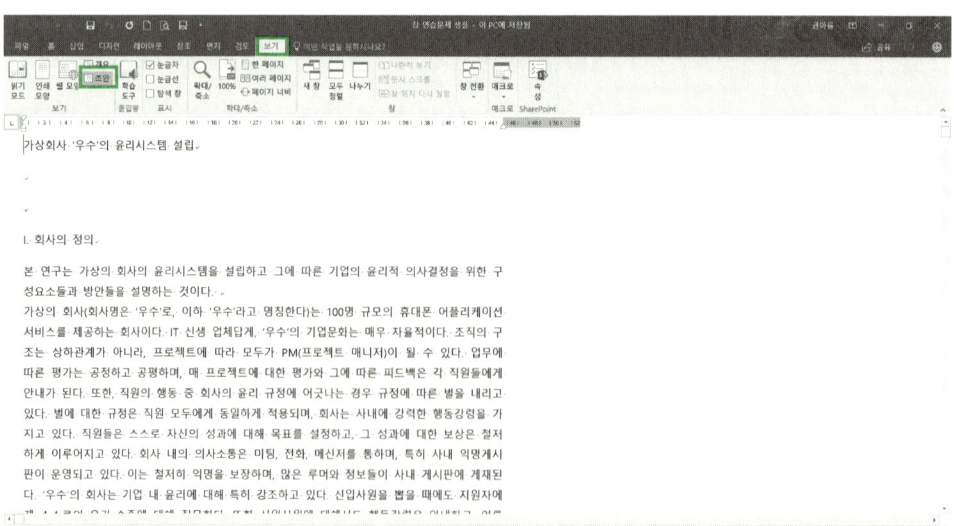

(6) 한 페이지 보기 / 여러 페이지 보기

[보기] 탭－[확대/축소] 그룹에서 [한 페이지] 또는 [여러 페이지]를 선택한다.

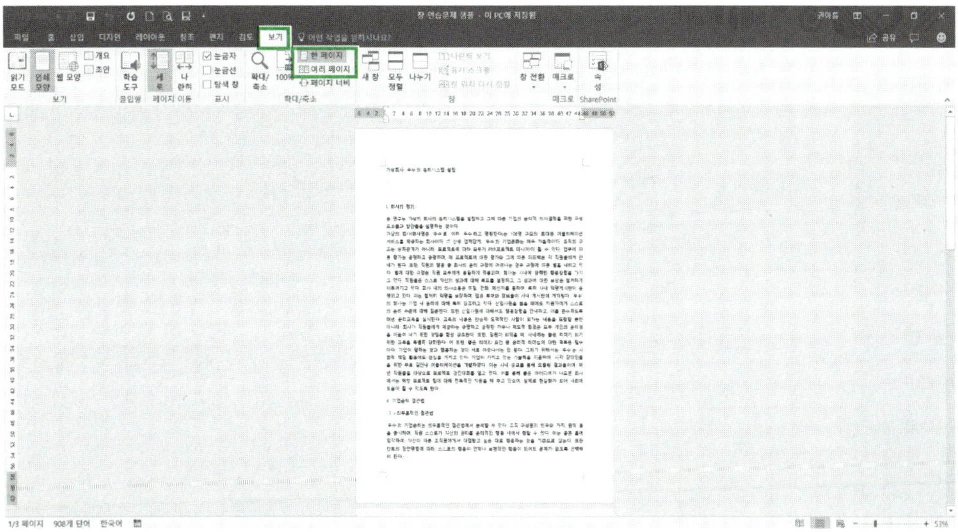

(7) 페이지 너비에 맞춰 보기 또는 보기 비율 선택

- [보기] 탭－[확대/축소] 그룹에서 [페이지 너비] 또는 [확대/축소]를 선택한다.
- Ctrl＋[마우스 휠]을 이용하여 화면을 확대하고 축소할 수 있다.

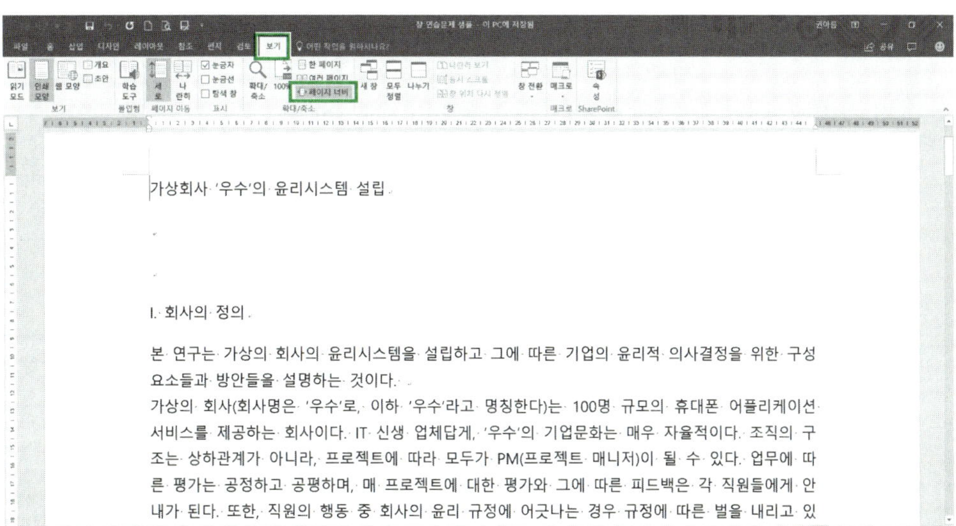

3) 새 문서 만들기

- [파일] 탭을 클릭 후 백스테이지 창에서 [새로 만들기]-[새 문서]를 클릭한다. 또는 Ctrl+N을 눌러 새 문서를 만든다.

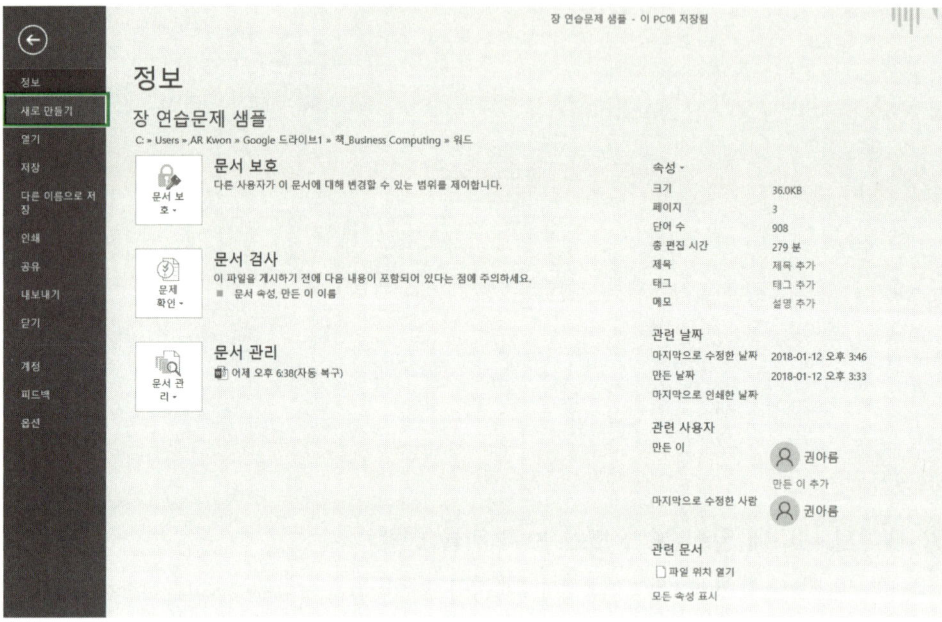

4) 문서 저장하기

- 빠른 실행 도구 모음의 [저장] 단추를 클릭하거나, [파일] 탭의 백스테이지에서 [저장]을 클릭한다.
- [파일] 탭의 백스테이지에서 [다른 이름으로 저장]-[컴퓨터]-[찾아보기]를 클릭한다.
- 저장 : Ctrl+S

  다른 이름으로 저장 : F12

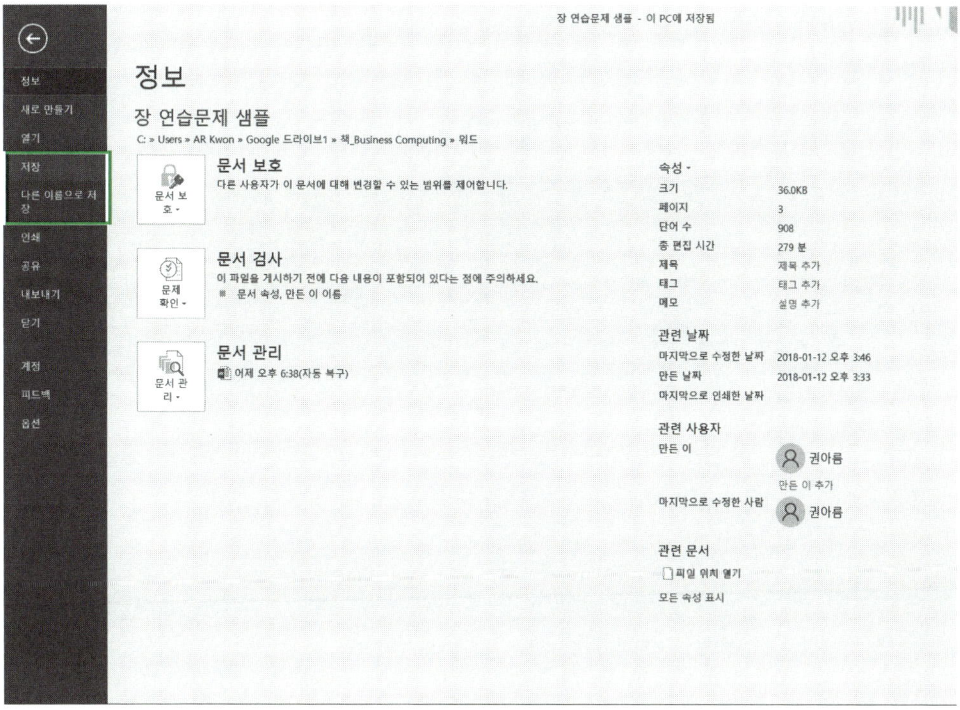
장 연습문제 샘플 - 이 PC에 저장됨
정보
새로 만들기
열기
저장
다른 이름으로 저장
인쇄
공유
내보내기
닫기
계정
피드백
옵션
정보
장 연습문제 샘플
C: » Users » AR Kwon » Google 드라이브1 » 책_Business Computing » 워드
문서 보호
다른 사용자가 이 문서에 대해 변경할 수 있는 범위를 제어합니다.
문서 보호
문서 검사
이 파일을 게시하기 전에 다음 내용이 포함되어 있다는 점에 주의하세요.
문서 속성, 만든 이 이름
문제 확인
문서 관리
어제 오후 6:38(자동 복구)
문서 관리
속성
크기 36.0KB
페이지 3
단어 수 908
총 편집 시간 279 분
제목 제목 추가
태그 태그 추가
메모 설명 추가
관련 날짜
마지막으로 수정한 날짜 2018-01-12 오후 3:46
만든 날짜 2018-01-12 오후 3:33
마지막으로 인쇄한 날짜
관련 사용자
만든 이 권아름
만든 이 추가
마지막으로 수정한 사람 권아름
관련 문서
파일 위치 열기
모든 속성 표시

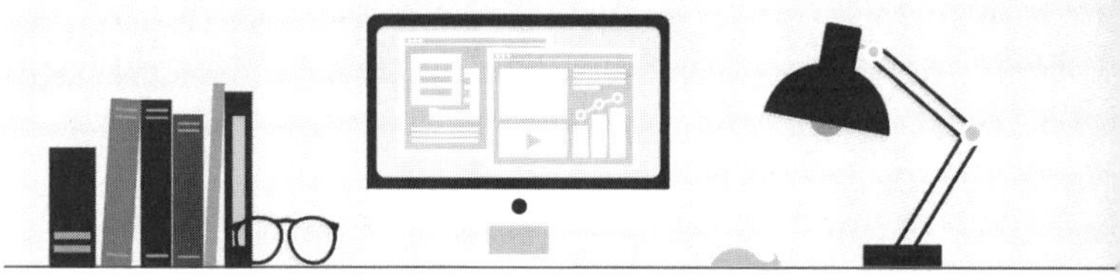

Chapter

02

기본문서 작성하기

Chapter 02

기본문서 작성하기

[연습시트 : 2장 연습문제]

1 텍스트 입력하기

1) 텍스트 입력하기

1. 첫 줄에 제목을 '가상회사 '우수'의 윤리시스템 설립'을 입력한다.
2. [홈] 탭–[글꼴] 그룹–[글꼴 크기]를 16으로 변경한다.
3. [홈] 탭–[글꼴] 그룹–[굵게]를 클릭한다.
4. [홈] 탭–[글꼴] 그룹–[글꼴 색]을 표준색 : 빨강으로 변경한다.

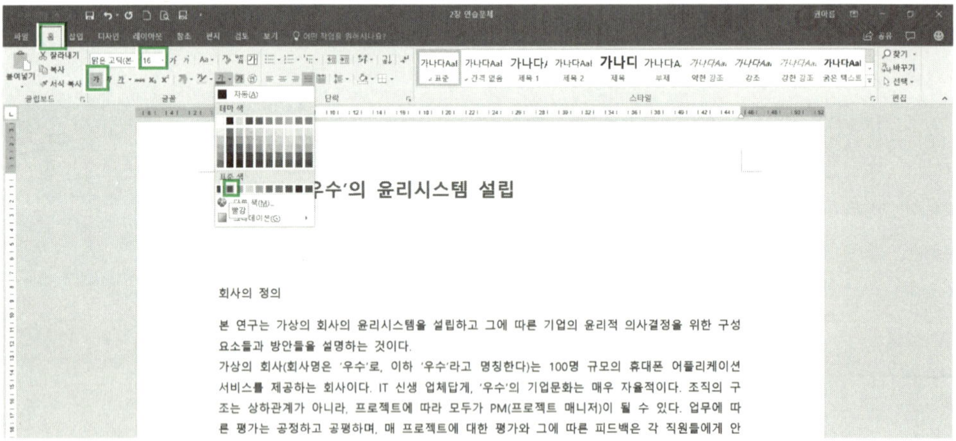

2) 기호 삽입하고 한자 변환하기

(1) 기호 삽입

1 기호를 삽입할 곳인 '회사의 정의' 앞에 커서를 위치한다.

2 [삽입] 탭–[기호] 그룹–[다른 기호]를 선택한다.

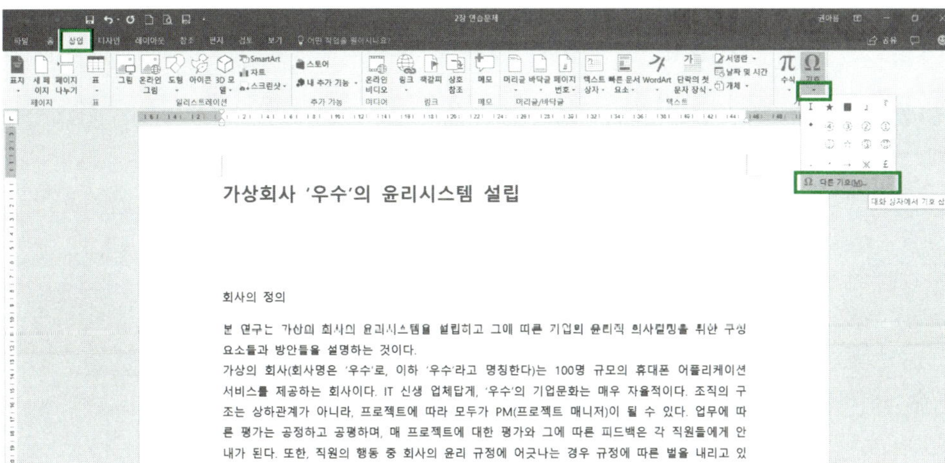

3 [하위 집합의 숫자 형식]을 선택하여 'Ⅰ'을 클릭한 후 [삽입]을 누른다.

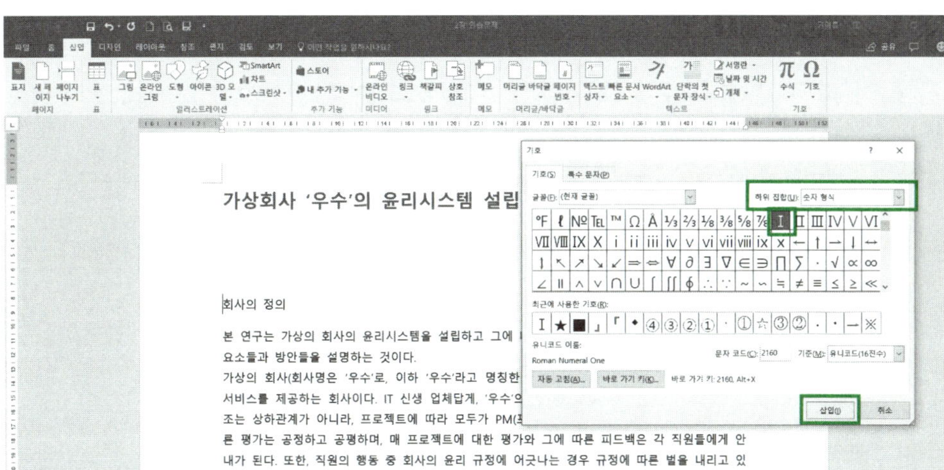

(2) 한자 변환

① I. 서론의 본문 중 '우수' 단어를 블록 설정한다.

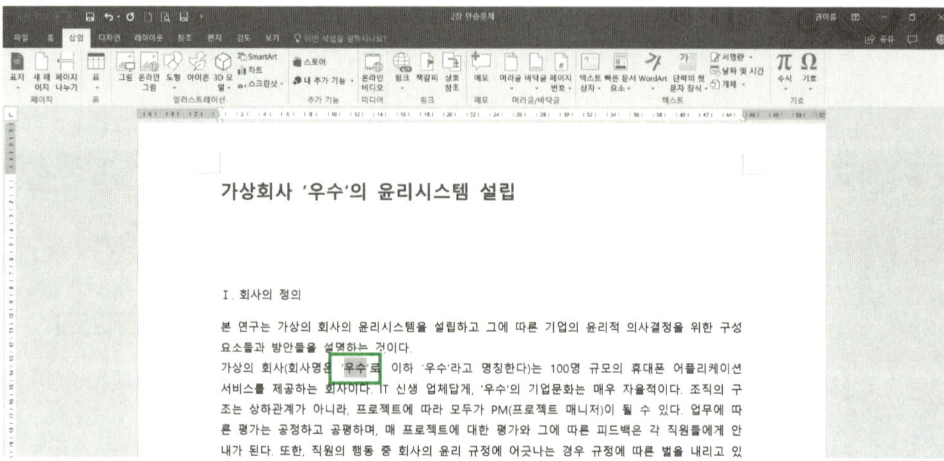

② [검토] 탭–[언어] 그룹–[한글/한자 변환]을 눌러 한자로 변경한다.
또는 키보드의 [한자]를 누른다.

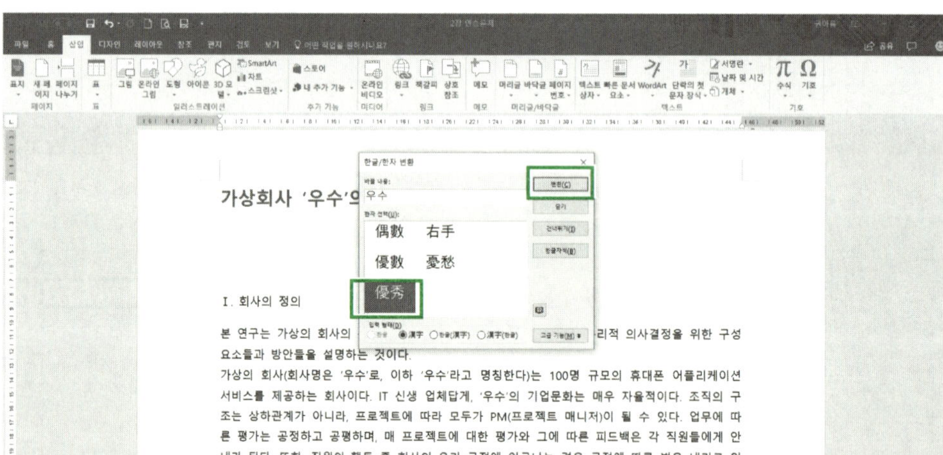

③ 해당 한자를 클릭 후 변환을 누르면 아래와 같이 변경된다.

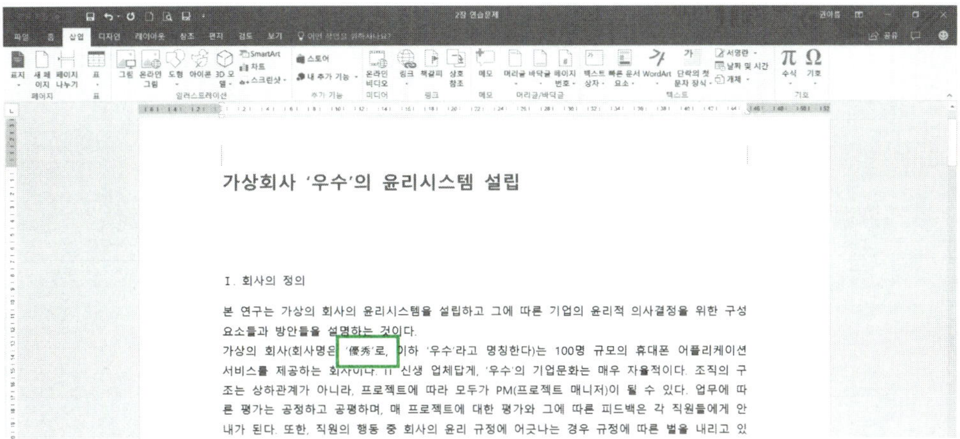

3) 한글 단어 잘림 허용하기

① 본문 전체를 블록 선택한다.

② [홈] 탭–[단락] 그룹의 [단락 설정] 대화상자 표시 아이콘–[단락] 대화상자의 [한글 입력 체계] 탭–[줄 바꿈]에서 '한글 단어 잘림 허용'을 체크 해제 후 확인을 누른다.

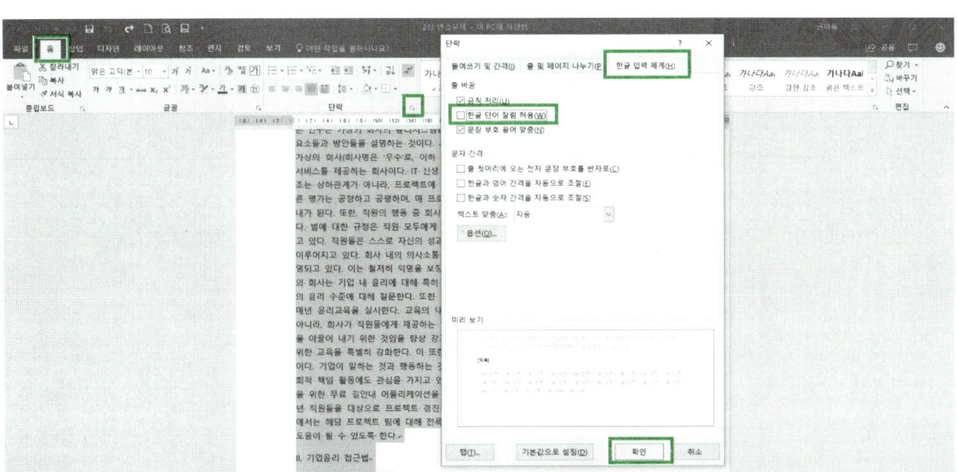

③ 문장 전체의 단어 잘림이 없어지고 문장 사이의 간격이 조정된다.

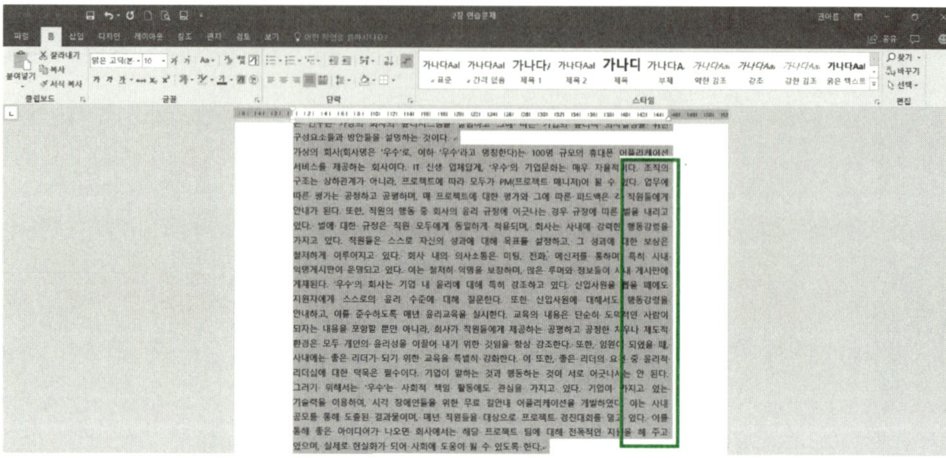

4) 문자 간격 자동 조절 설정하기

① 'II. 기업윤리 접근법(Business Ethics접근법)' 제목을 블록 설정한다.

② [홈] 탭–[단락] 그룹의 [단락 설정] 대화상자 표시 아이콘–[단락] 대화상자의 [한글 입력 체계] 탭–[문자 간격]에서 '한글과 영어 간격을 자동으로 조절'을 체크 선택 후 확인을 누른다.

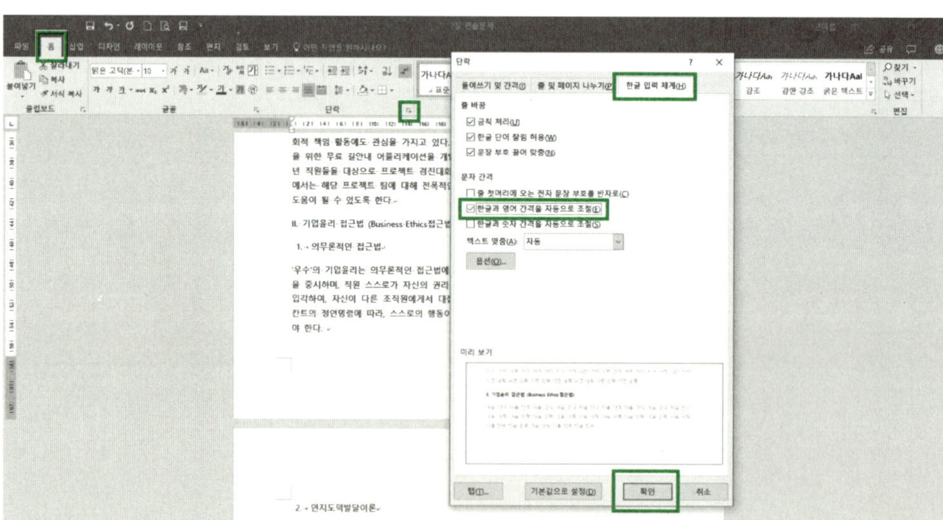

③ 'Business Ethics접근법' 단어 사이에 간격이 자동으로 조절된다.

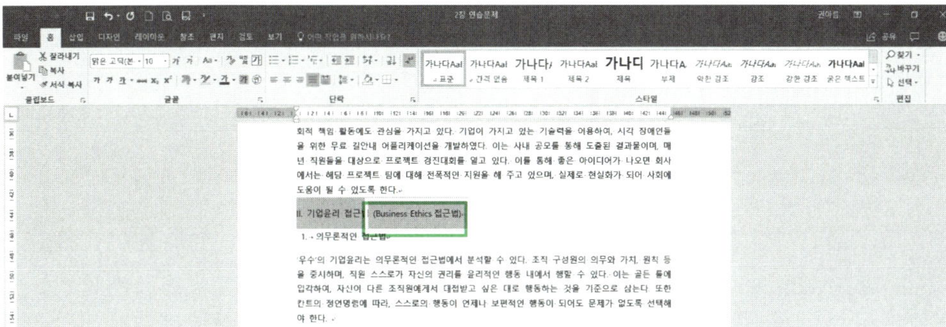

한글과 숫자 사이의 간격을 자동으로 설정하기 원하는 경우, [홈] 탭-[단락] 그룹의 [단락 설정] 대화상자 표시 아이콘-[단락] 대화상자의 [한글 입력 체계] 탭-[문자 간격]에서 '한글과 숫자 간격을 자동으로 조절'을 체크 선택 후 확인을 누른다.

5) 한/영 자동고침 설정하기

문서 작성 중 영어 단어 입력 시 자동으로 한글로 자동고침되는 경우가 발생한다. 한/영 자동고침 설정을 해제하면 이러한 문제점을 해결할 수 있다.

① [파일] 홈-[옵션]-[언어 교정]-[자동 고침 옵션]을 클릭한다.

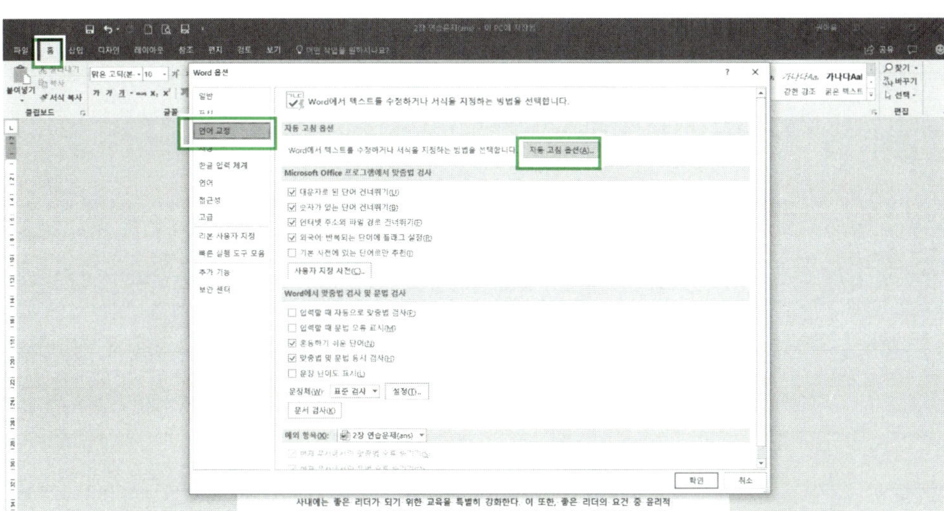

② '한/영 자동 고침'을 해제한 후 확인을 누른다.

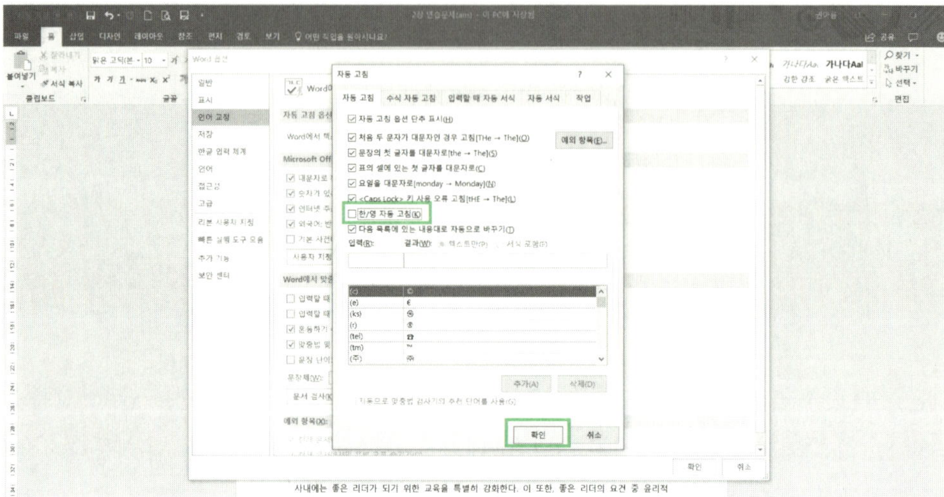

6) 텍스트 범위 지정하기(1)

• 한 줄 지정하기 : 해당 줄의 왼쪽 여백을 클릭한다.

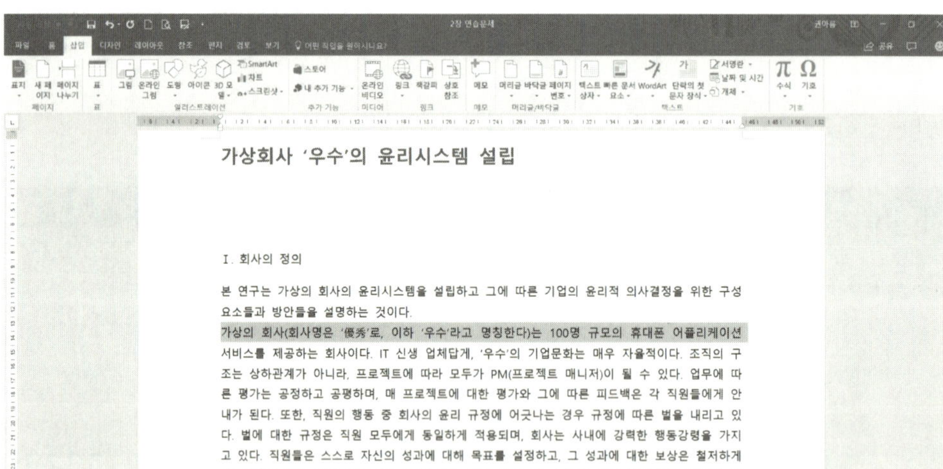

- **한 문장 지정하기** : 문장 중에서 아무 곳에나 포인터를 올려놓고 Ctrl을 누른 상태에서 해당 문장을 클릭한다.

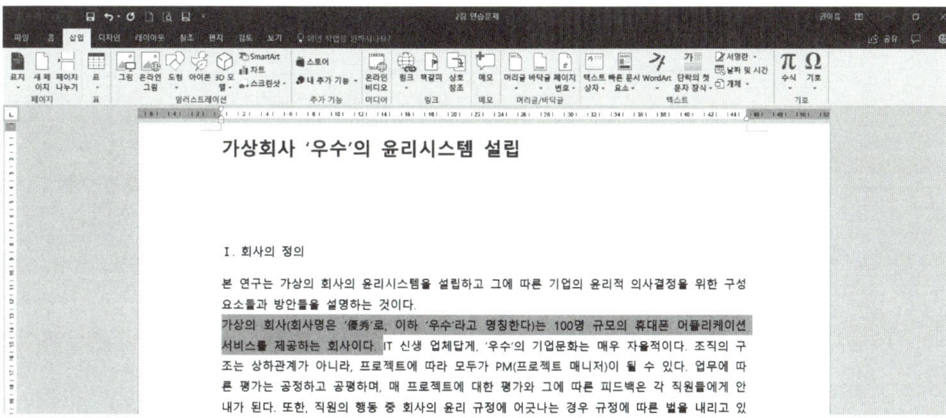

- **한 단락 지정하기** : 해당 단락의 왼쪽 여백을 두 번 클릭하거나, 단락 안에서 마우스를 세 번 클릭한다.

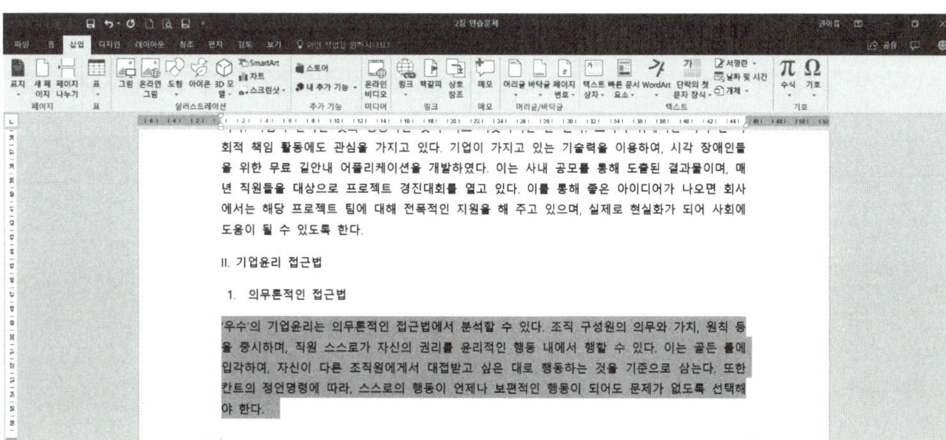

7) 텍스트 범위 지정하기(2)

- **서로 떨어져 있는 텍스트 동시에 지정하기** : 첫 번째 선택할 텍스트(인지도덕발달이론)를 드래그한 후, Ctrl을 누른 상태에서 떨어져 있는 텍스트(리더의 윤리성)를 추가로 드래그하고, 다시 한 번 Ctrl을 누른 상태에서 떨어져 있는 텍스트(조직의 윤

리성)를 추가로 드래그한다.

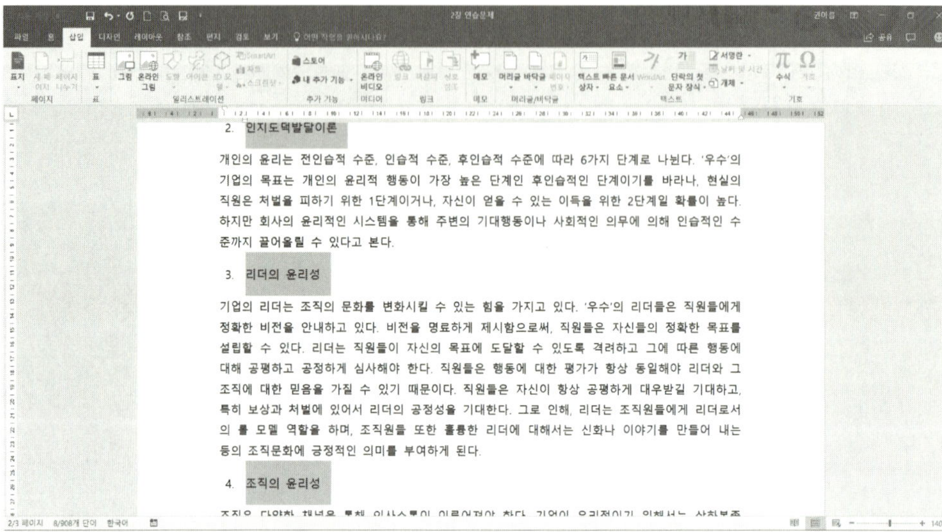

• **원하는 부분을 한꺼번에 지정하기** : 드래그할 첫 단어 앞에 커서를 놓은 후 Shift를 누른 상태에서 마지막 드래그할 단어 뒤를 클릭한다.

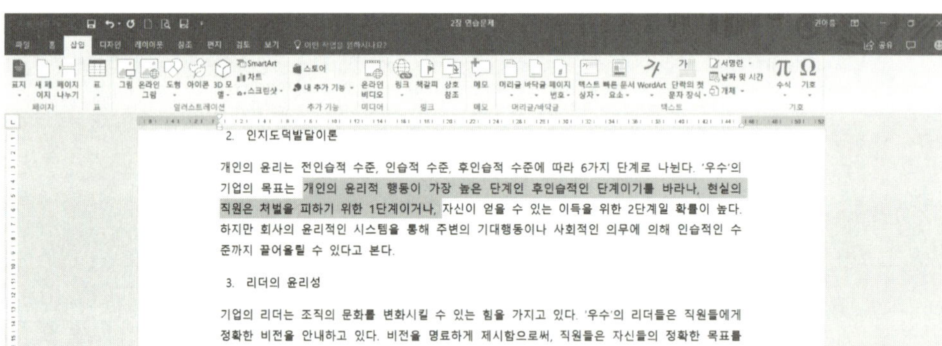

8) 텍스트 범위 지정하기(3)

(1) 마우스로 텍스트 범위 지정하기

마우스	선택 범위
페이지 왼쪽 여백에서 한 번 클릭	해당 줄 전체 선택
페이지 왼쪽 여백에서 두 번 클릭	한 단락 선택
페이지 왼쪽 여백에서 세 번 클릭	문서 전체 선택
텍스트 안에서 더블 클릭	한 단어 선택
Ctrl + 클릭	한 문장 선택

(2) 단축키로 텍스트 범위 선택하기

마우스	선택 범위
F8 + 방향키(←, →, ↑, ↓)	한 글자씩 선택, 한 줄 선택
F8 연속 누르기	단어, 단락, 문서 순으로 확장
Shift + →	한 글자 오른쪽으로 선택
Shift + ←	한 글자 왼쪽으로 선택
Ctrl + Shift + →	단어의 끝까지 선택
Ctrl + Shift + ←	단어의 시작 위치까지 선택

9) 서식이 비슷한 텍스트 선택하고 편집하기

1 '1. 의무론적인 접근법'에 커서를 위치한다.

2 [홈] 탭-[편집] 그룹-[선택]을 클릭한 후 [서식이 비슷한 텍스트 선택]을 선택 후 [글꼴] 그룹에서 색상을 변경한다.

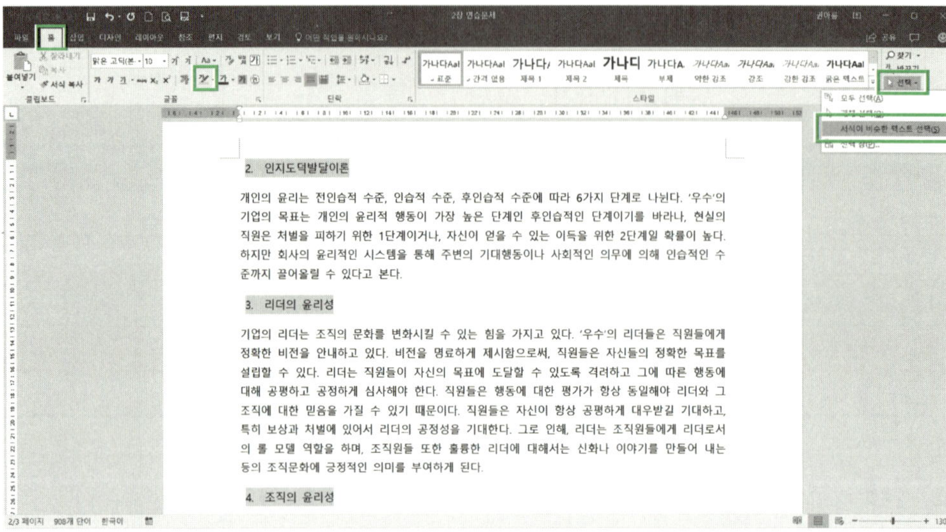

10) 변경할 텍스트 찾아 한 번에 변경하기

- [홈] 탭–[편집] 그룹–[바꾸기]를 선택한다.
- Ctrl + H를 눌러 찾기 및 바꾸기를 할 수 있다.
- '우수'를 '우수(優秀)'로 바꾸기 : 찾을 내용에 '우수'를 입력하고, 바꿀 내용에 '우수(優秀)'를 입력한 후 바꾸기를 클릭한다.

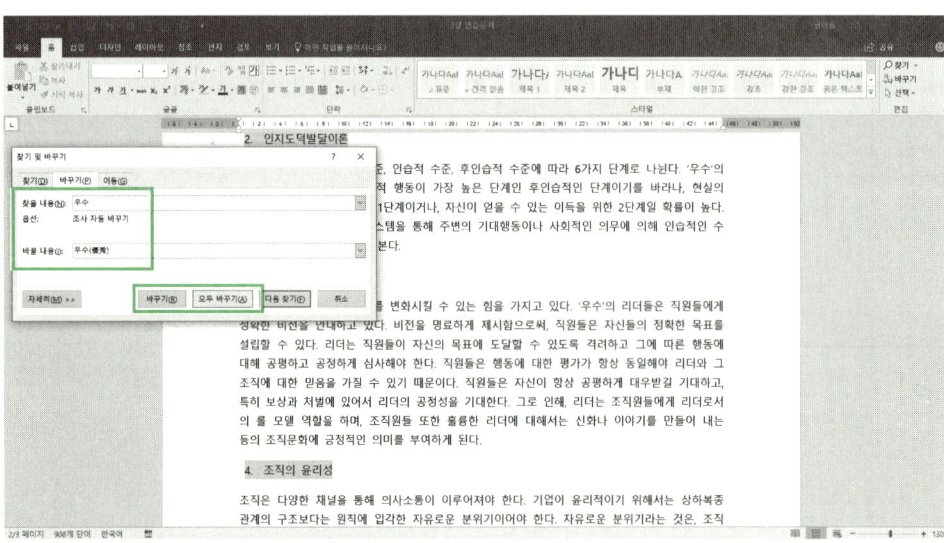

'바꾸기' vs. '모두 바꾸기'

'바꾸기'를 클릭할 경우 커서가 위치한 지점부터 찾을 내용에 입력한 단어(또는 문장)를 하나씩 찾은 후 바꿀 내용으로 변경하는 것이고, '모두 바꾸기'를 클릭할 경우 문서 내의 모든 내용 중 해당하는 단어(또는 문장)를 일괄 변경하는 것이다.

2 페이지 나누기

1) 페이지 나누기

- [삽입] 탭–[페이지] 그룹–[페이지 나누기]를 클릭한다.
- Ctrl+Enter↵를 누르거나 [페이지 레이아웃] 탭–[페이지 설정]–그룹–[나누기]–[페이지]를 선택해도 된다.

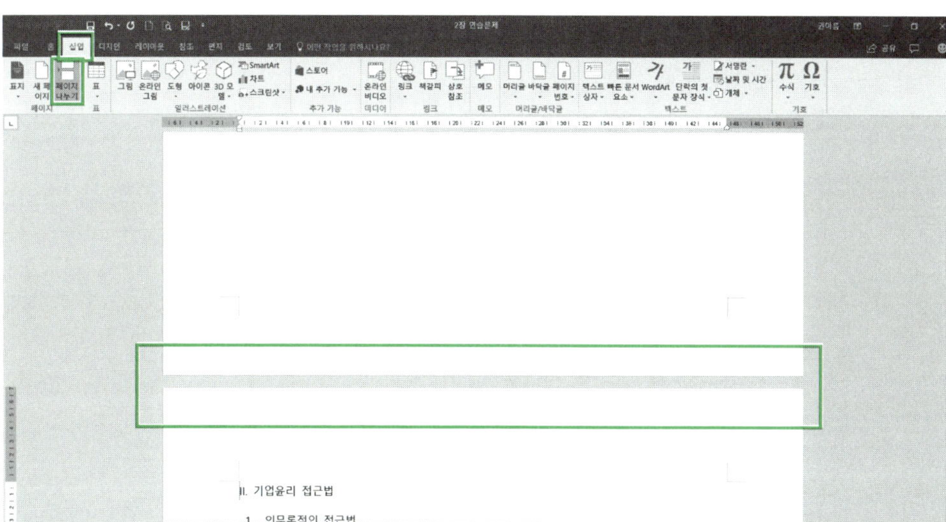

2) 본문에 페이지 나누기 표시하기

- [홈] 탭–[단락] 그룹–[편집 기호 표시/숨기기(Ctrl+*)]–를 클릭한다.
- 나눠진 페이지를 지우려면 편집 기호인 '페이지 나누기'를 선택한 후 Delete를 눌러 삭제한다.

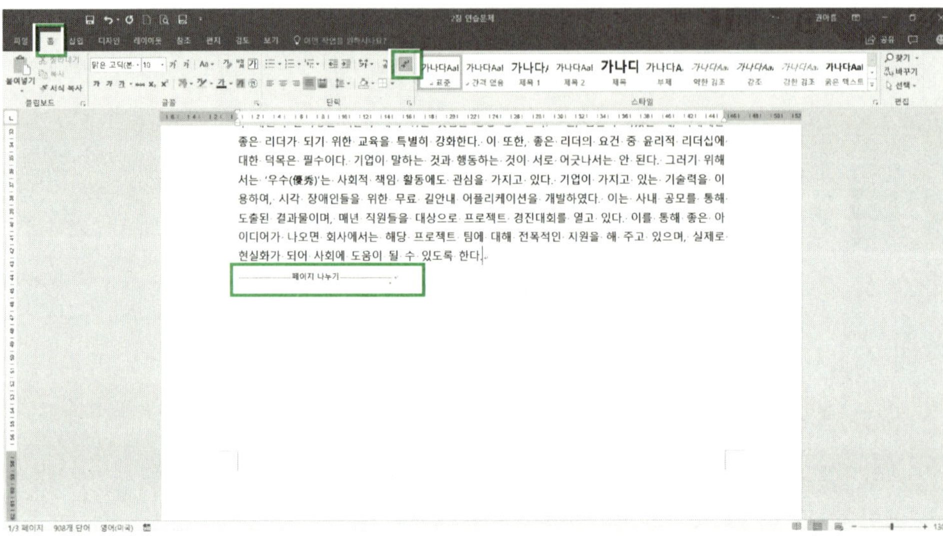

Chapter

03

서식으로 문서 꾸미기

1. 단락 맞춤, 테두리와 음영 지정하기
2. 단락의 첫 문자 장식하기
3. 첫 줄 들여쓰기와 여백 지정하기
4. 줄 간격과 단락 간격 지정하기
5. 탭 지정하기

03 서식으로 문서 꾸미기

Chapter

[연습시트 : 3장 연습문제]

1 단락 맞춤, 테두리와 음영 지정하기

1) 단락 맞춤

'가상회사 '우수'의 윤리시스템 설립'을 블록 설정한 후, [홈] 탭–[단락] 그룹–[가운데 맞춤]을 클릭한다.

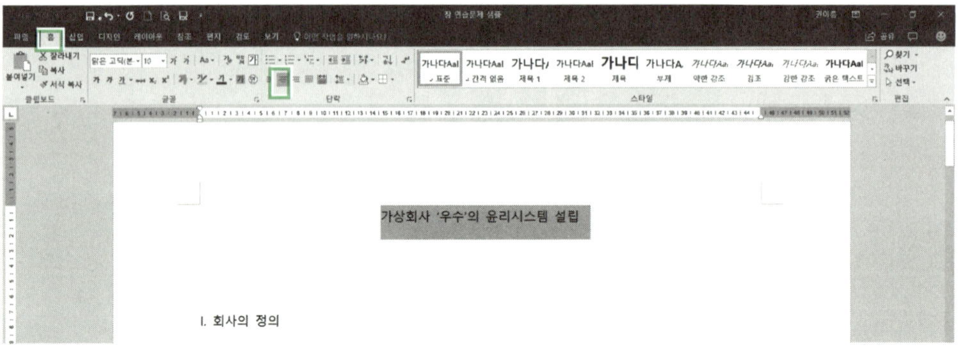

글꼴 설정 단축키

단축키	글꼴 설정
Ctrl + L	왼쪽 맞춤
Ctrl + E	가운데 맞춤
Ctrl + R	오른쪽 맞춤
Ctrl + J	양쪽 맞춤

2) 테두리와 음영 지정하기

1 'I. 회사의 정의'를 블록 설정한 후, [홈] 탭-[단락] 그룹-[테두리]-[테두리 및 음영]을 선택한다.

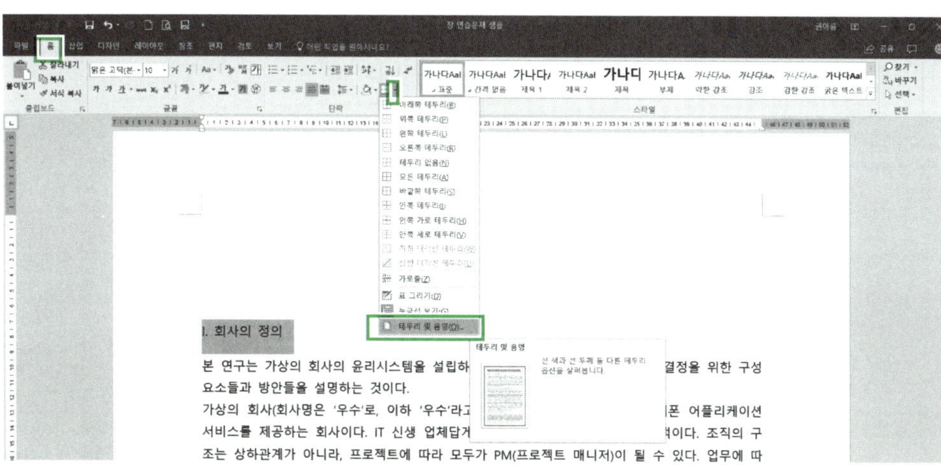

② [음영] 탭에서 채우기를 클릭한 후, '파랑, 강조 1, 60% 더 밝게'를 선택하고 확인을 누른다.

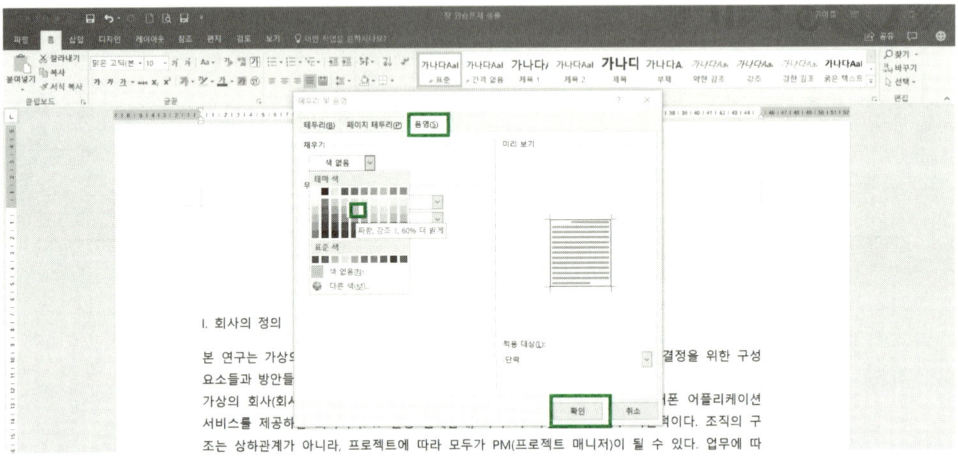

③ 아래와 같이 변경된다.

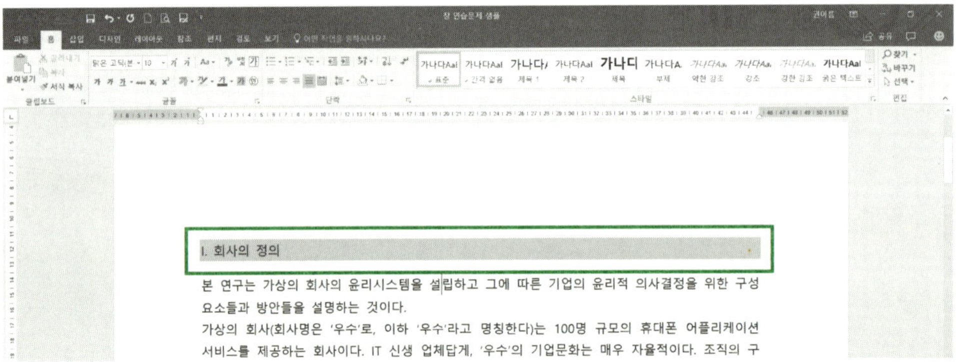

2 단락의 첫 문자 장식하기

① 첫 번째 단락 '본 연구' 앞에 커서를 위치한다.

② [삽입] 탭-[텍스트] 그룹-[단락의 첫 문자 장식 추가]-[단락의 첫 문자 장식 옵션]을 선택한다.

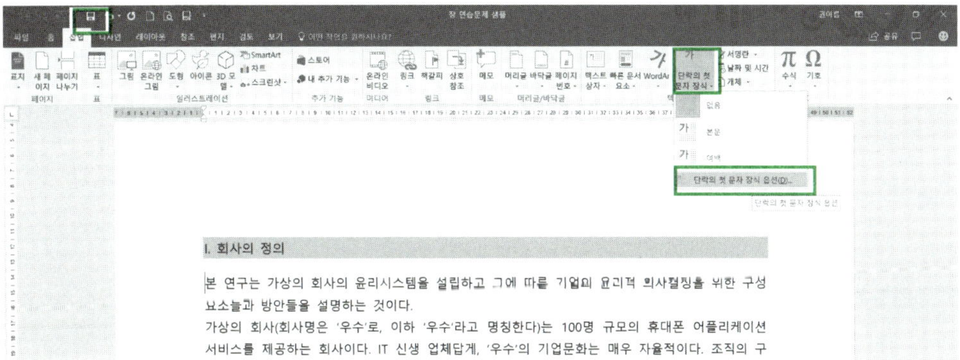

③ 위치를 본문으로 선택하고, 글꼴은 본문 한글, 텍스트와의 간격은 0.5로 설정하고 확인을 누른다.

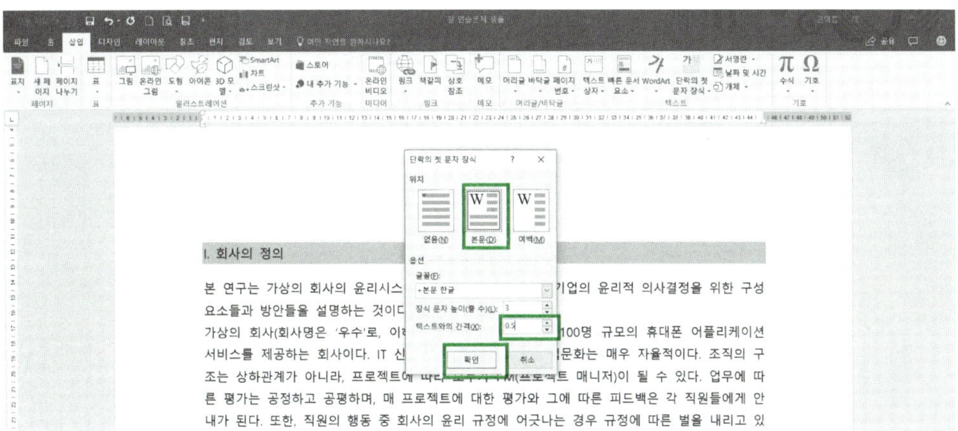

3 첫 줄 들여쓰기와 여백 지정하기

1 'II. 기업윤리 접근법'의 '1. 의무론적인 접근법' 본문 내용을 블록 설정한다.

2 [홈] 탭–[단락] 그룹의 [단락 설정] 대화상자 표시 아이콘–[단락] 대화상자의 [들여쓰기 및 간격] 탭–'들여쓰기'의 왼쪽은 '1글자'로, 첫 줄의 값은 '2글자'로 설정하고 확인을 누른다.

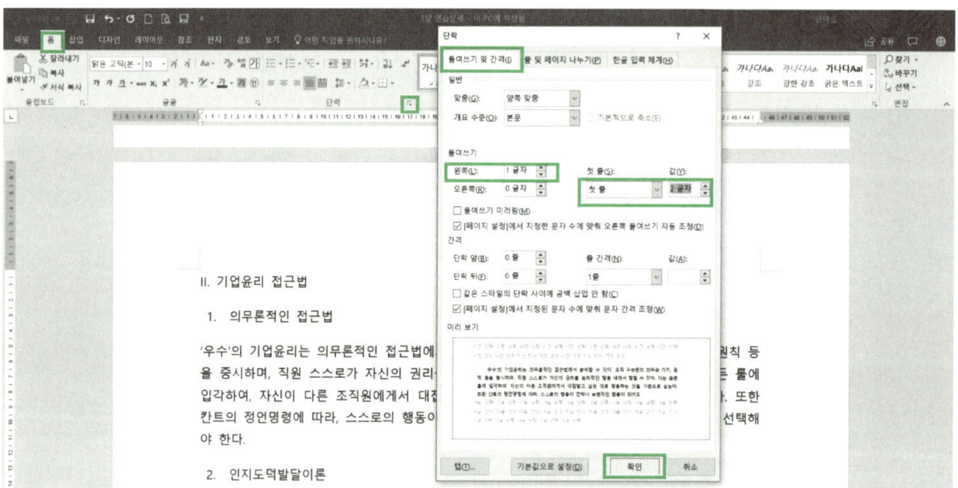

3 설정 후 아래와 같이 변경된다.

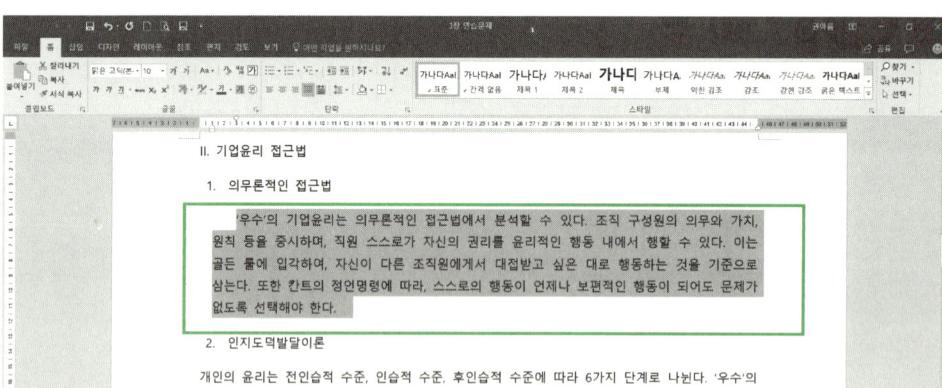

4 줄 간격과 단락 간격 지정하기

1 '4. 조직의 윤리성'의 본문 내용을 블록 설정한다.

2 [홈] 탭–[단락] 그룹–[선 및 단락 간격]–[줄 간격 옵션]–[단락] 대화상자–[들여쓰기 및 간격] 탭–'간격'을 단락 뒤 12pt로 설정한다.

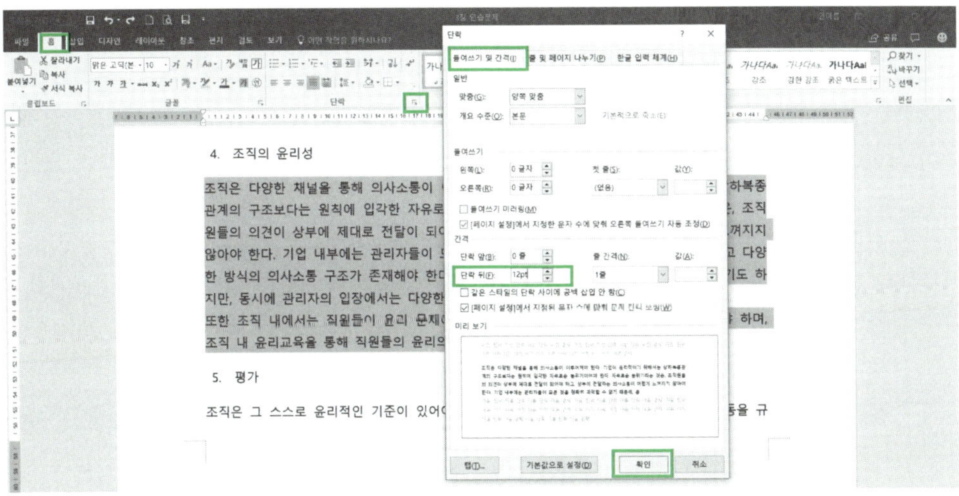

3 설정 후 아래와 같이 변경된다.

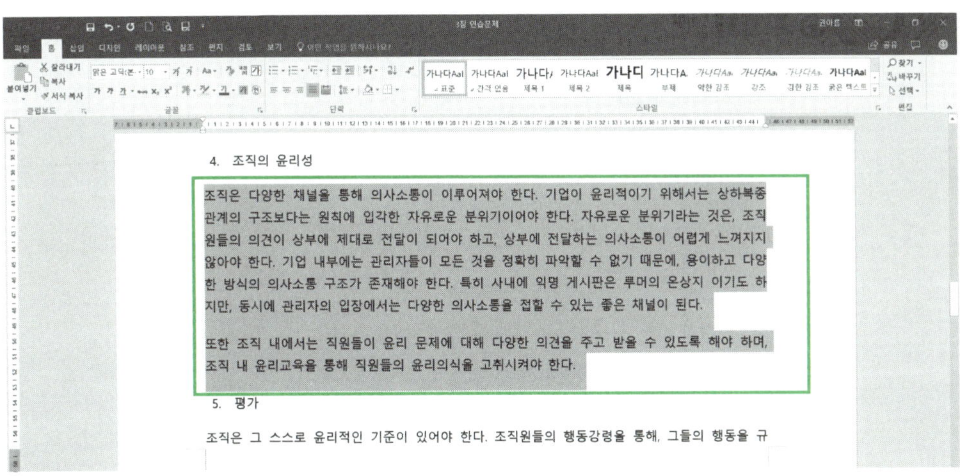

5 탭 지정하기

① [보기] 탭–[표시] 그룹에서 [눈금자]에 체크한다.

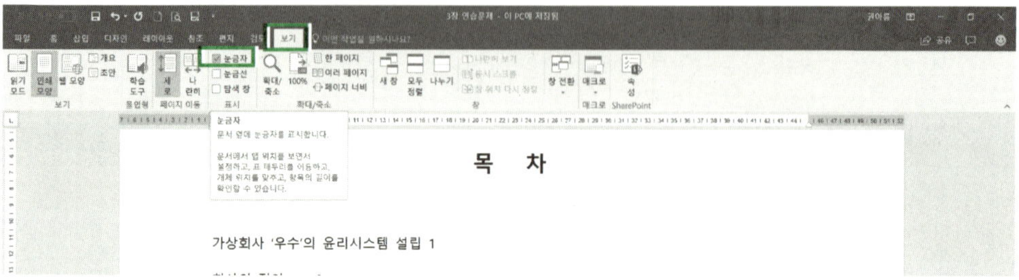

② 목차의 내용을 블록으로 설정한다.

③ [홈] 탭–[단락] 그룹의 [단락] 대화상자 표시 아이콘–[단락] 대화상자의 [들여쓰기 및 간격] 탭–[탭]을 클릭한다.

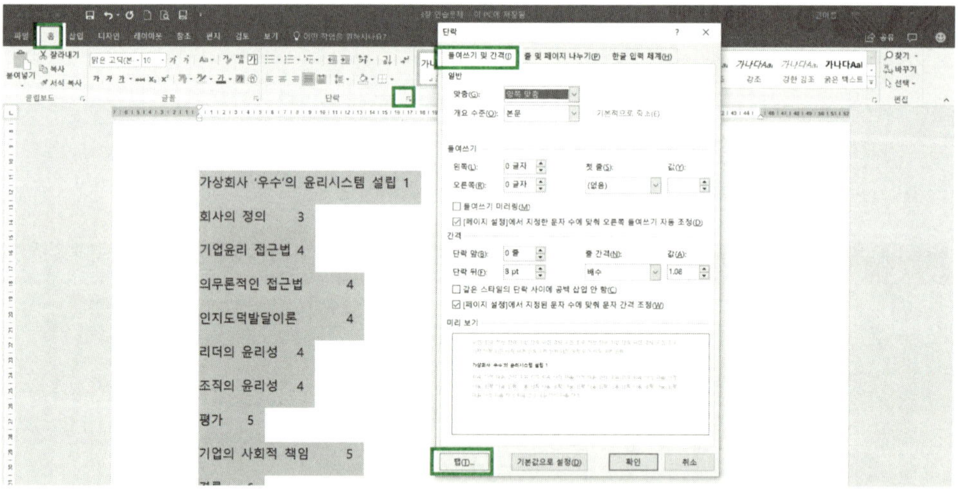

④ 탭 위치 : 44글자, 맞춤 : 오른쪽, 채움선 : 5로 선택한 후 확인을 누른다.

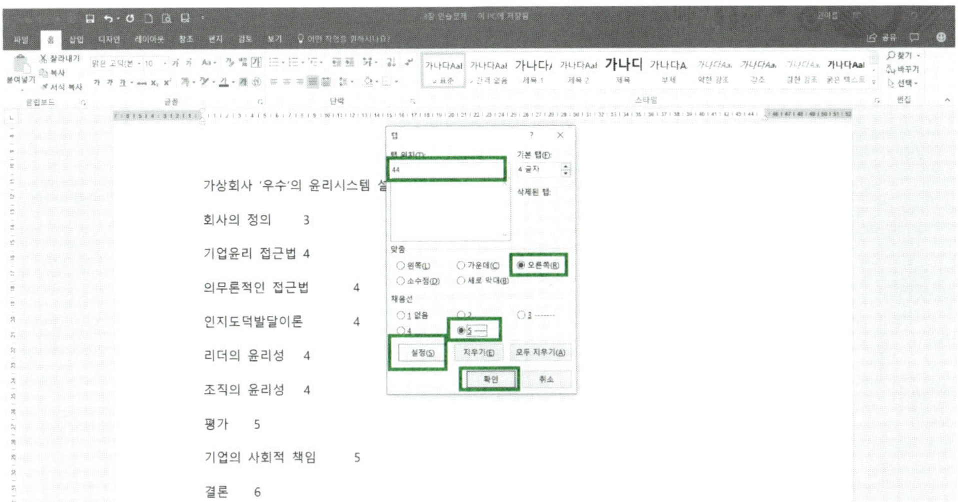

⑤ 완료 후 아래와 같이 변경된다.

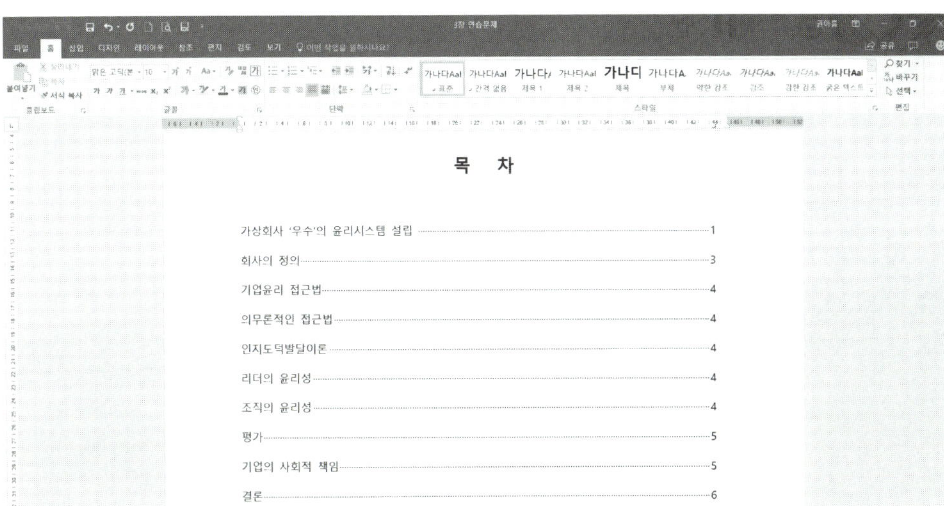

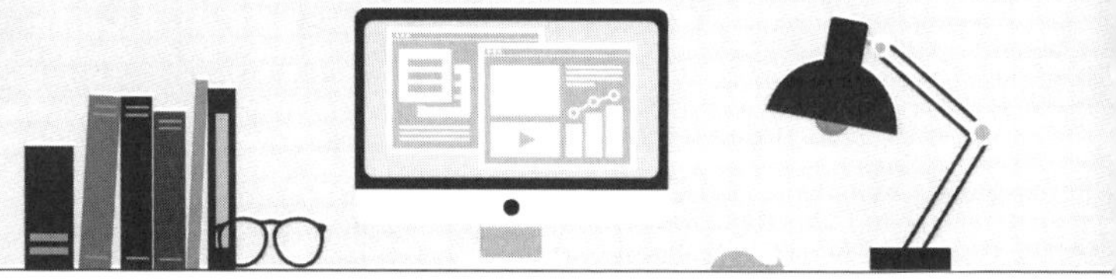

Easy Business Computing 2 – MS Office Word

Chapter

04

글머리 기호 목록 작성하기

04 Chapter 글머리 기호 목록 작성하기

[연습시트 : 4장 연습문제]

1 번호 스타일 목록 만들기

① 목차 내용을 드래그하여 블록을 설정한다.

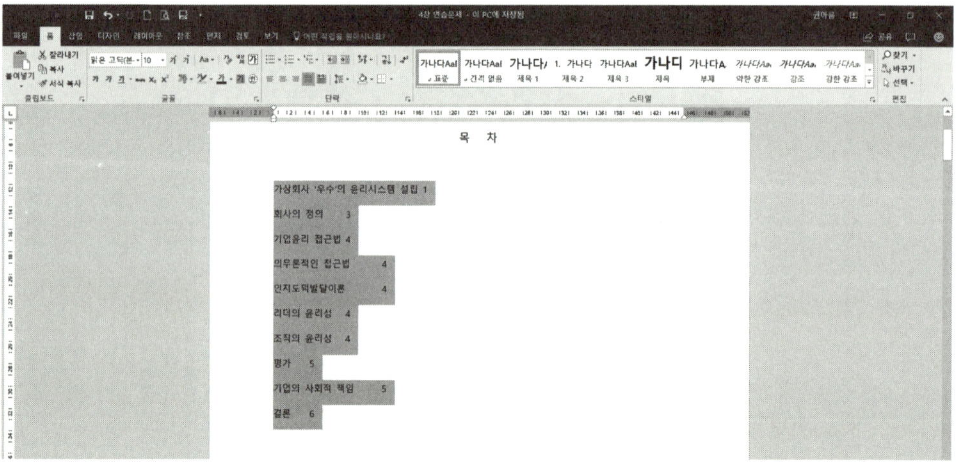

② [홈] 탭−[단락] 그룹에서 [번호 매기기]의 단추를 클릭한다.

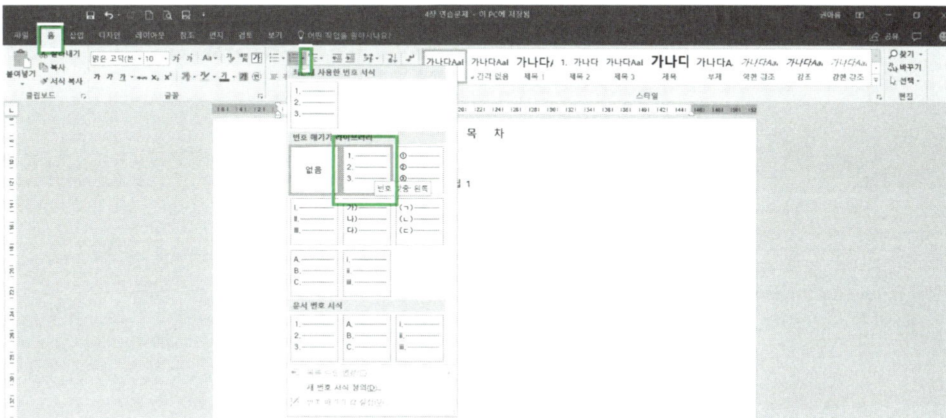

③ 목록에서 Enter↵를 누르면 다음 단락에도 번호가 이어져 입력된다. 이때 텍스트를 입력하지 않고 Enter↵를 한 번 더 누르면 번호 매기기가 중단된다.

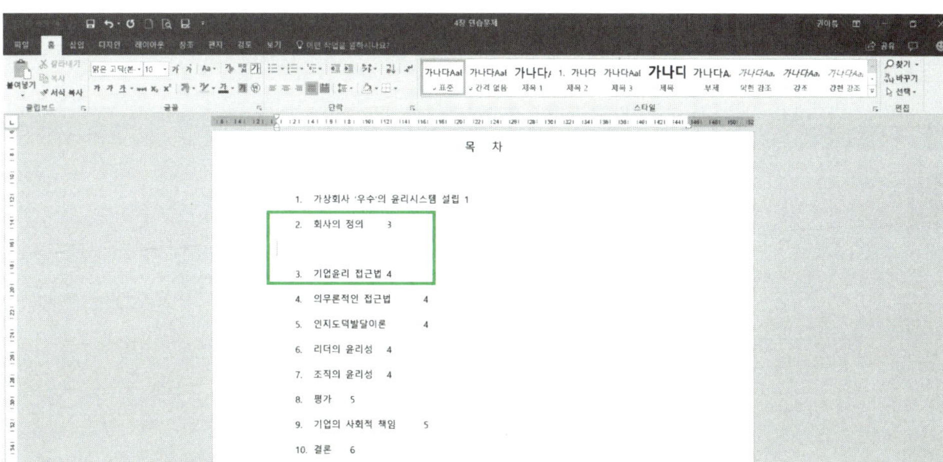

④ '3. 기업윤리 접근법 ~ 9. 기업의 사회적 책임' 부분만 블록 설정을 한다.

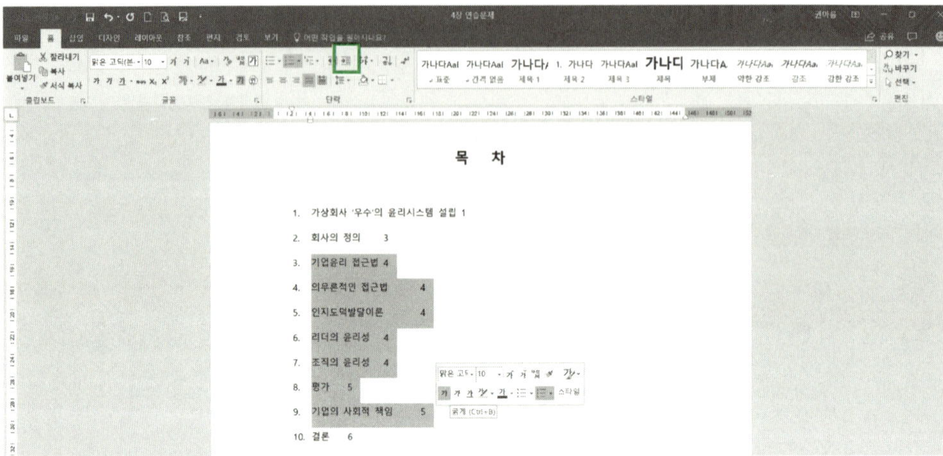

⑤ [홈] 탭 – [단락] 그룹 – [들여쓰기] 단추를 클릭하면, 한 수준 아래의 번호 매기기가 가능하다. 반대로 [내어쓰기] 단추를 클릭할 경우, 한 수준 위의 번호 매기기가 가능하다.

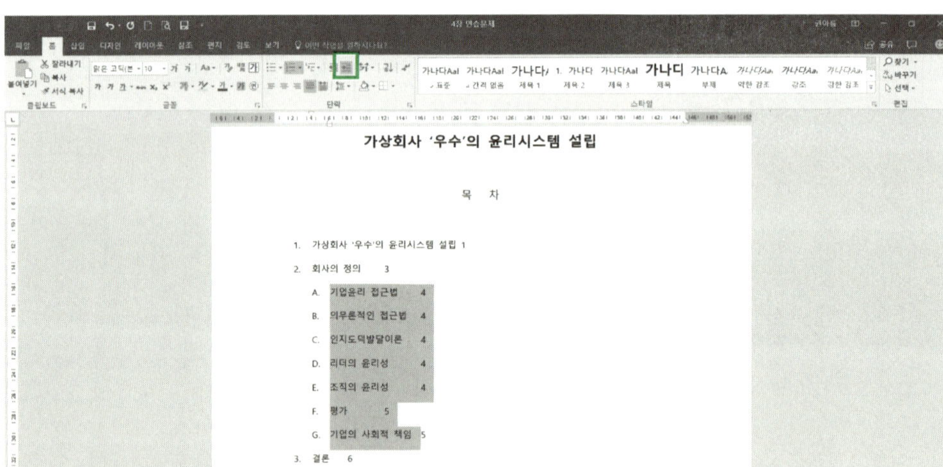

2 목차 번호 변경하기

1) 시작 번호 변경하기

① '1. 가상회사 '우수'의 윤리시스템 설립 앞에 커서를 위치한다.

② [홈] 탭–[단락] 그룹의 [번호 매기기]에서 아라비아 숫자의 번호 매기기를 설정한다.

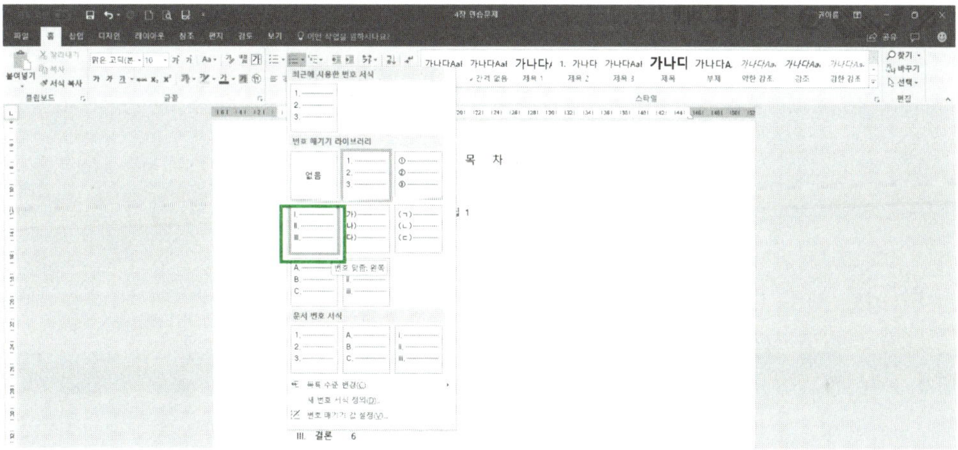

③ 같은 수준의 번호 매기기가 모두 아라비아 숫자로 변경된다.

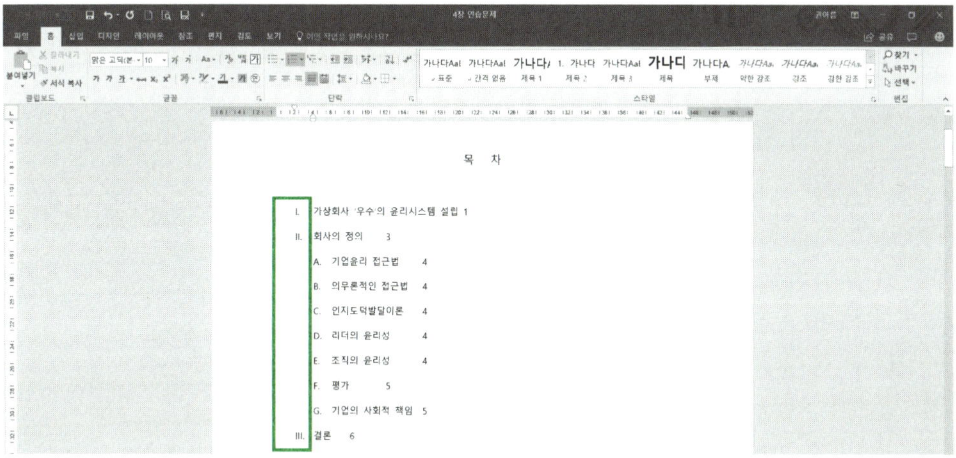

④ 이번에는 한 수준 아래인 'A. 기업윤리 접근법' 앞에 커서를 위치한 후, [홈] 탭–[단락] 그룹에서 [번호 매기기]의 단추를 클릭한 후 [번호 매기기 값 설정]을 클릭한다.

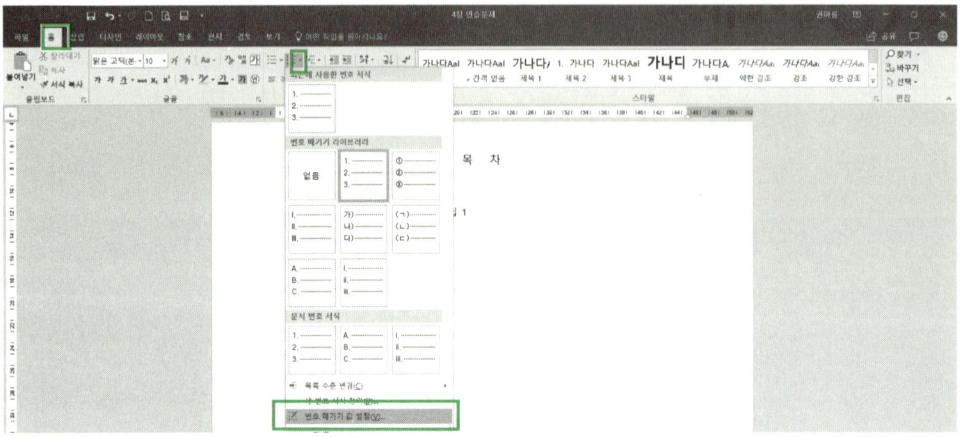

⑤ 번호 새로 매기기에서 시작 번호를 C로 변경한다.

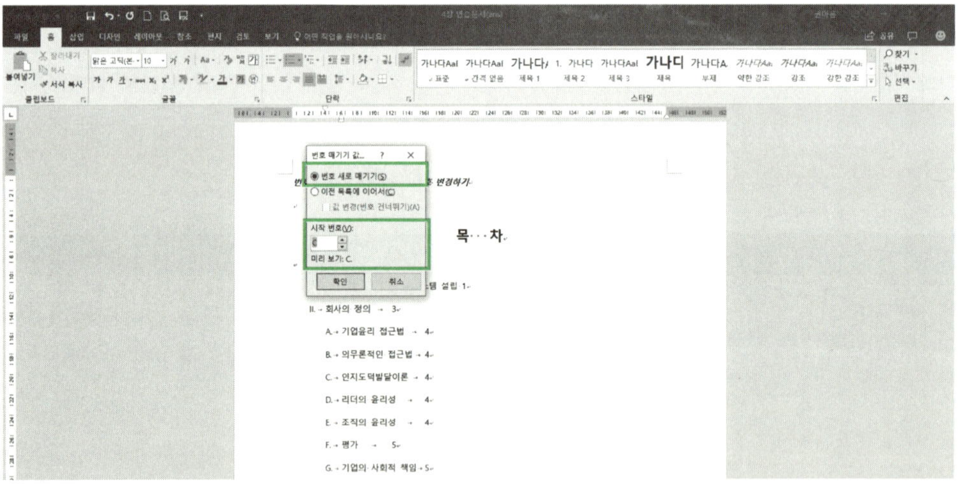

⑥ A에서 시작하던 번호가 C로 변경된다.

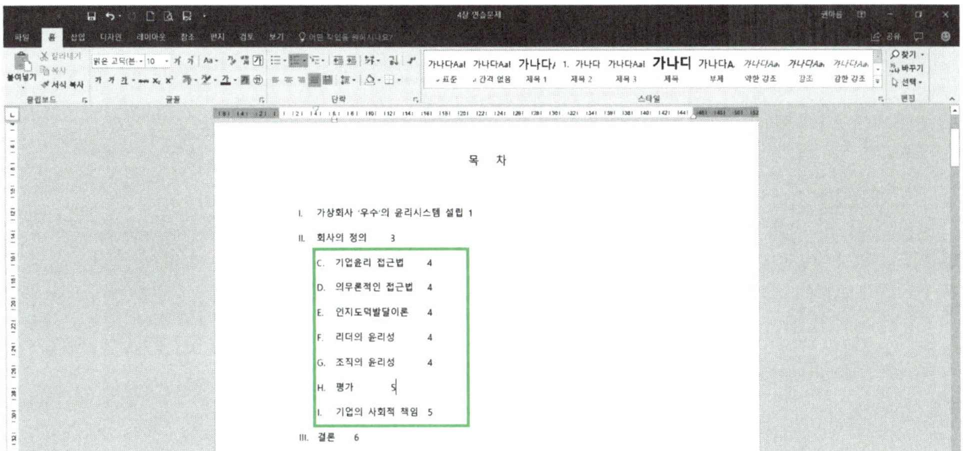

2) 시작 번호 처음으로 되돌리기

① 'III. 결론' 앞에 커서를 위치한 후, 마우스 오른쪽 버튼을 눌러 '1에서 다시 시작'을 누른다.

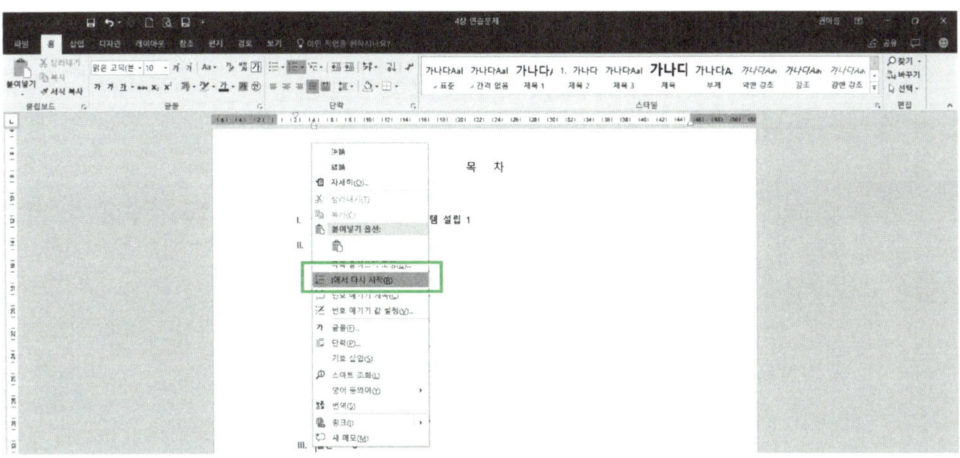

② III.에서 시작하던 번호 매기기가 아래와 같이 I.로 변경된다.

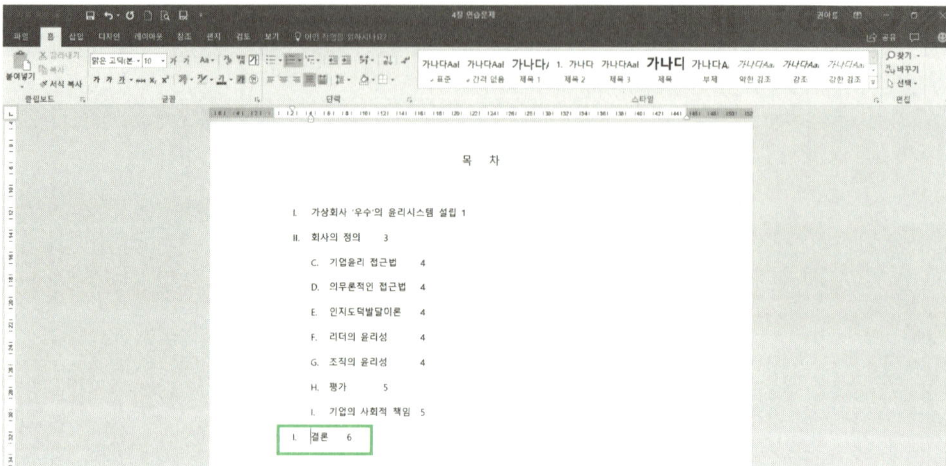

3 글머리 기호 스타일 지정하기

① '가상회사 '우수'의 윤리시스템 설립' 앞에 커서를 위치한다.

② [홈] 탭–[단락] 그룹에서 [글머리 기호]의 단추를 클릭한 후 [새 글머리 기호 정의]를 클릭한다.

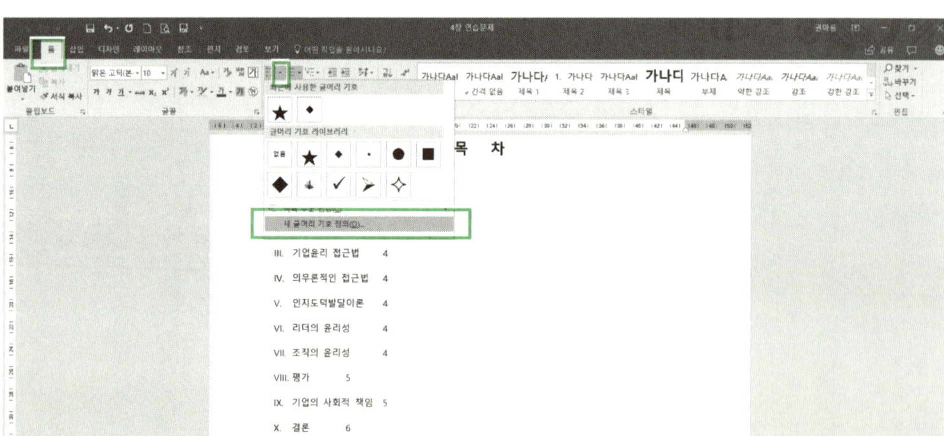

③ 글머리 기호 내의 '기호'를 클릭한 후 원하는 기호를 선택한 후 확인을 누른다.

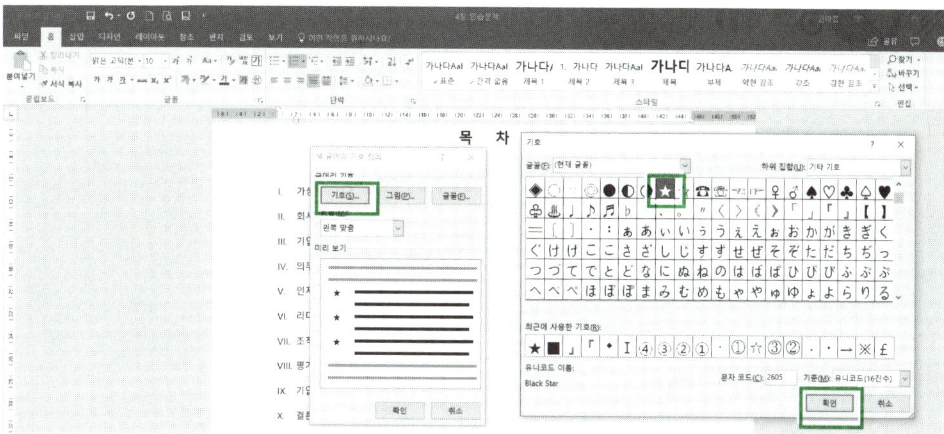

④ 한번 더 확인을 누른 후 설정을 완료한다.

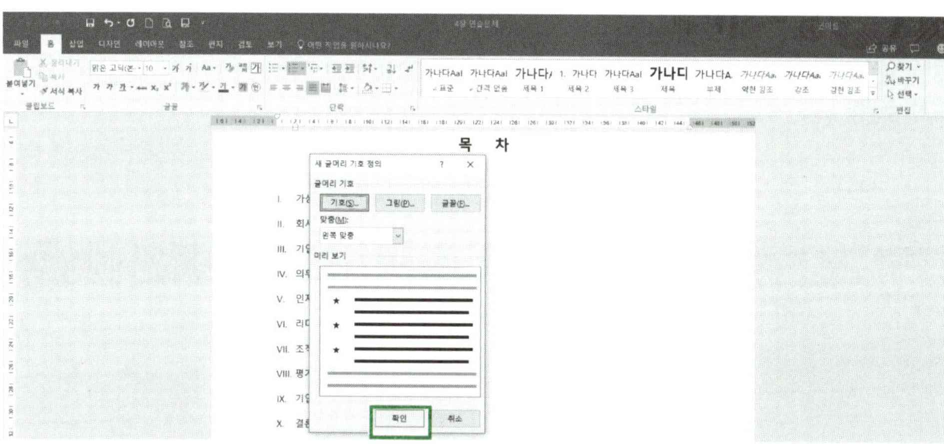

⑤ 설정 후 아래와 같이 변경된다.

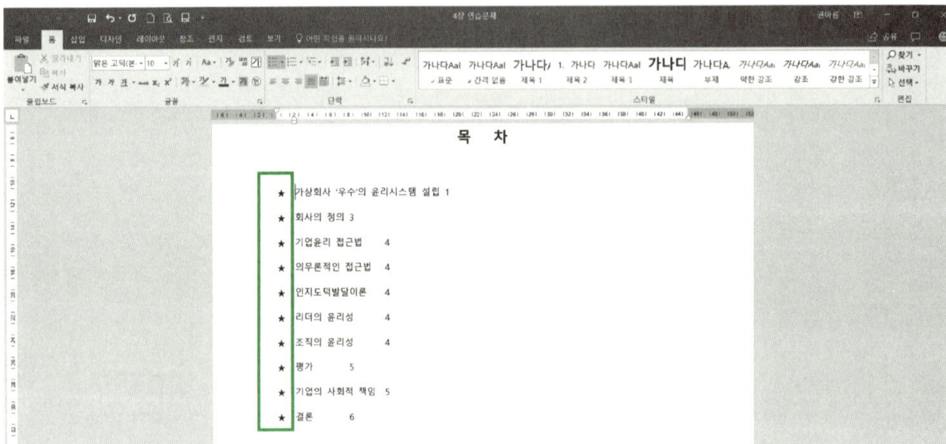

4 다단계 수준별 목록 지정하기

① '회사의 정의' 밑의 7줄을 아래와 같이 블록으로 설정한다.

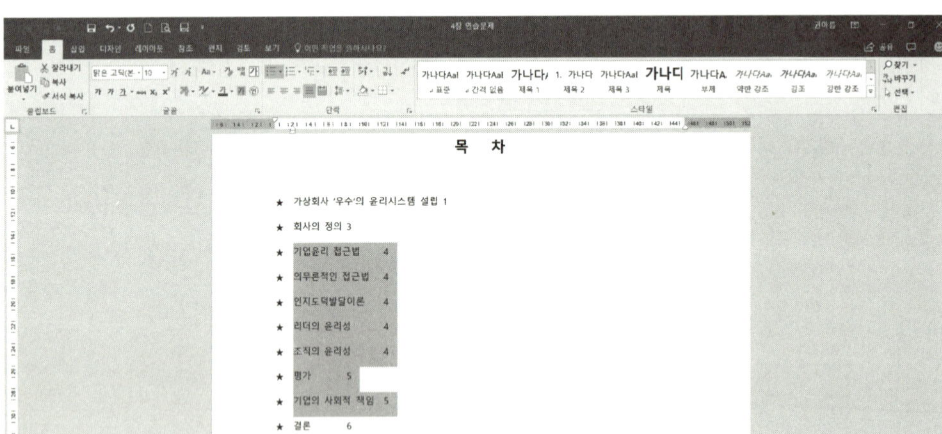

② [홈] 탭–[단락] 그룹에서 [다단계 목록]–[목록 수준 변경]에서 한 수준 아래의 수준으로 변경한다.

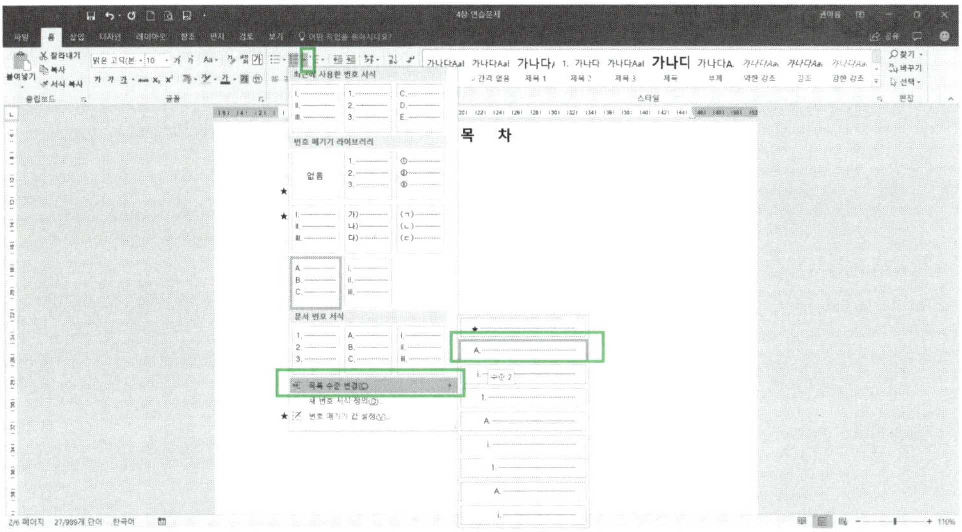

③ 다단계 수준은 1~9 수준으로 설정할 수 있다.

수준 올리기	Shift + Tab
수준 내리기	Tab

④ 설정 완료 후 아래와 같이 변경된다.

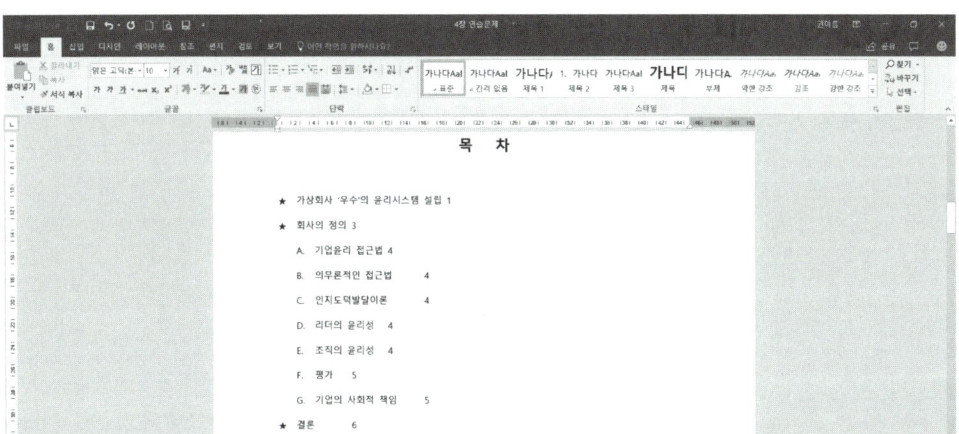

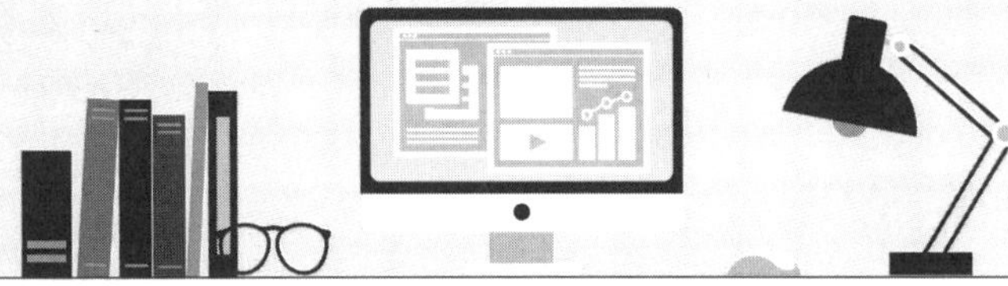

Chapter

05

페이지 설정과 인쇄하기

1. 페이지 설정하기
2. 인쇄하기

05 페이지 설정과 인쇄하기

Chapter

[연습시트 : 5장 연습문제]

1 페이지 설정하기

1) 용지 방향 변경하기

문서 전체 용지방향 변경하기

① [레이아웃] 탭–[페이지 설정] 그룹에서 [용지 방향]을 [가로]로 변경한다.

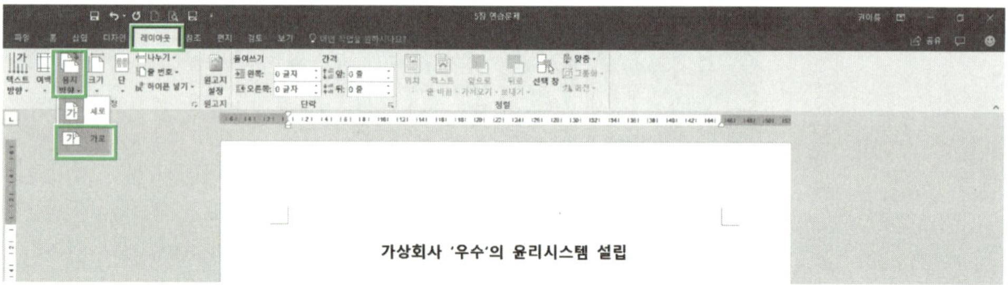

또는 [레이아웃] 탭–[페이지 설정] 그룹에서 [설정] 단추를 클릭한 후 [용지 방향]과 적용 대상을 변경하여 적용한다.

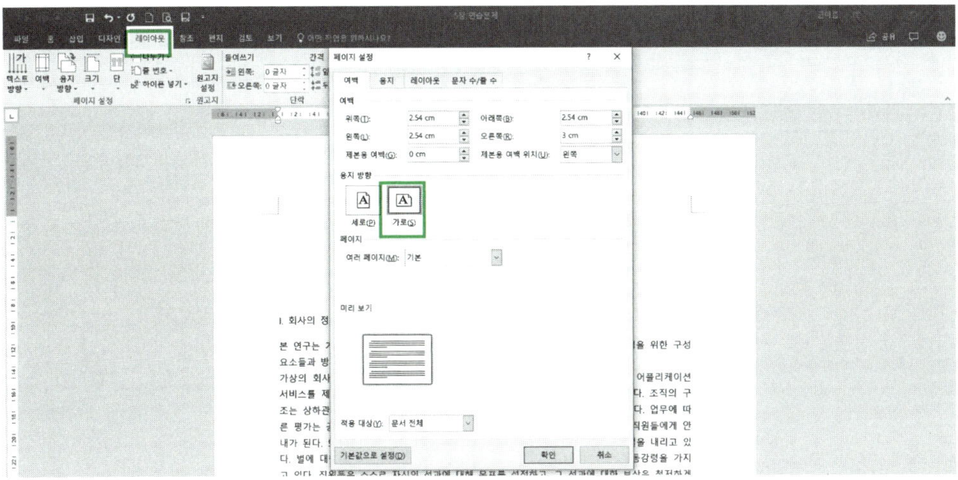

② [가로]로 변경 후 화면은 아래와 같이 변경된다.

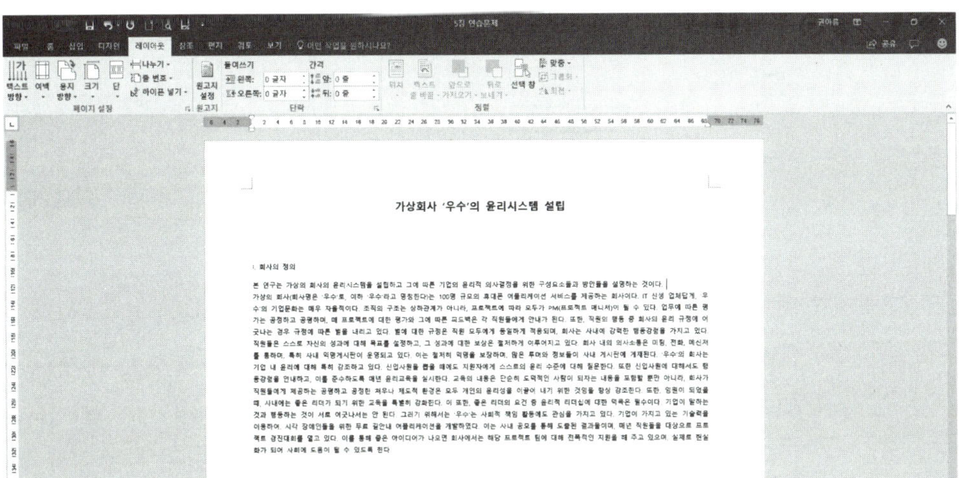

2) 용지 크기 변경하기

문서 전체 용지 크기 변경하기

① [레이아웃] 탭–[페이지 설정] 그룹에서 [크기] 단추를 클릭 후 'Letter' 용지로 변경한다.

② 용지 크기는 제출 용도나 인쇄의 목적에 맞게 설정한다.

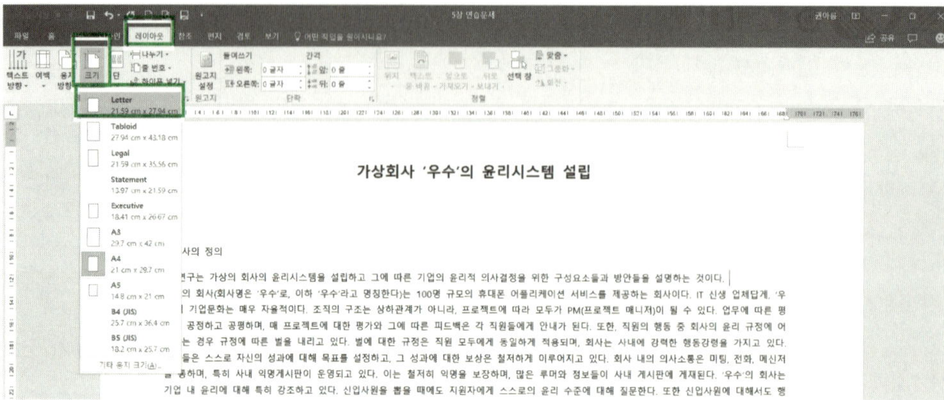

또는 [레이아웃] 탭–[페이지 설정] 그룹에서 [설정] 단추를 클릭한 후 [용지] 탭에서 'Letter'를 선택한 후 확인을 누른다.

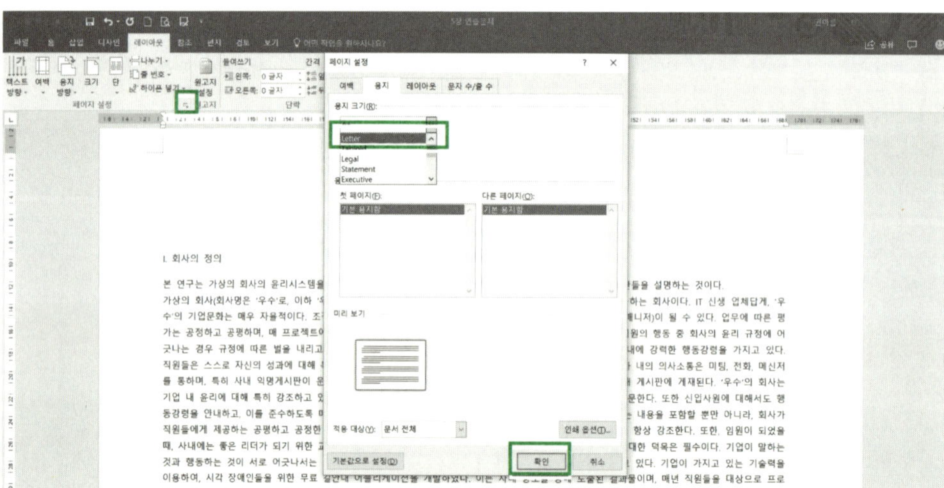

선택한 영역(II. 기업윤리 접근법)만 페이지 변경하기

1 선택한 영역만 페이지 변경을 원할 경우, 해당 페이지를 블록 설정한 후, [레이아웃] 탭–[페이지 설정] 그룹에서 [설정] 단추를 클릭한 후 [용지] 탭에서 희망 용지 크기를 설정한 후 적용 대상을 '선택한 텍스트'로 변경한다.

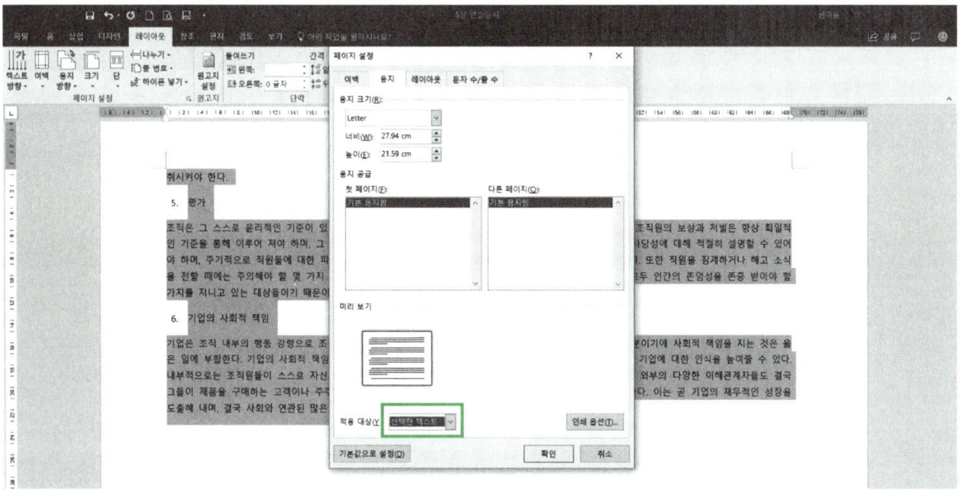

② 설정 후 아래와 같이 변경된다.

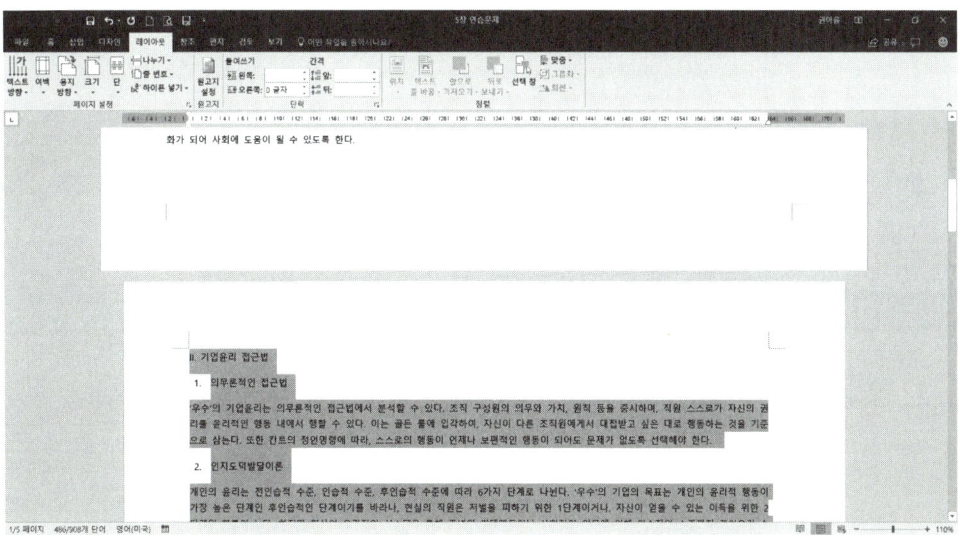

3) 페이지 여백 설정하기

'III. 결론' 페이지 여백 설정하기

① [레이아웃] 탭–[페이지 설정] 그룹–[여백]–[사용자 지정 여백]을 클릭한다.

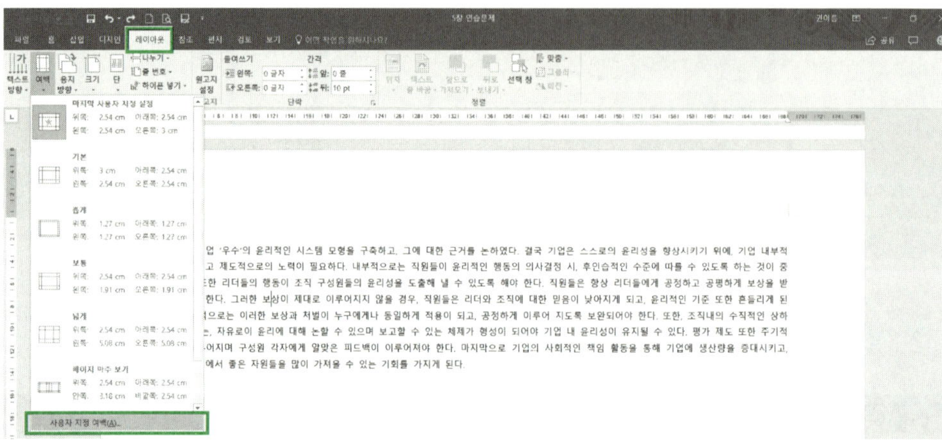

또는 [페이지 설정] 대화상자에서 '여백' 값 설정을 한다.

② 위쪽 : 2cm, 아래쪽 : 2cm, 왼쪽 : 2cm, 오른쪽 : 2cm의 값을 기재한 후 확인을 누른다.

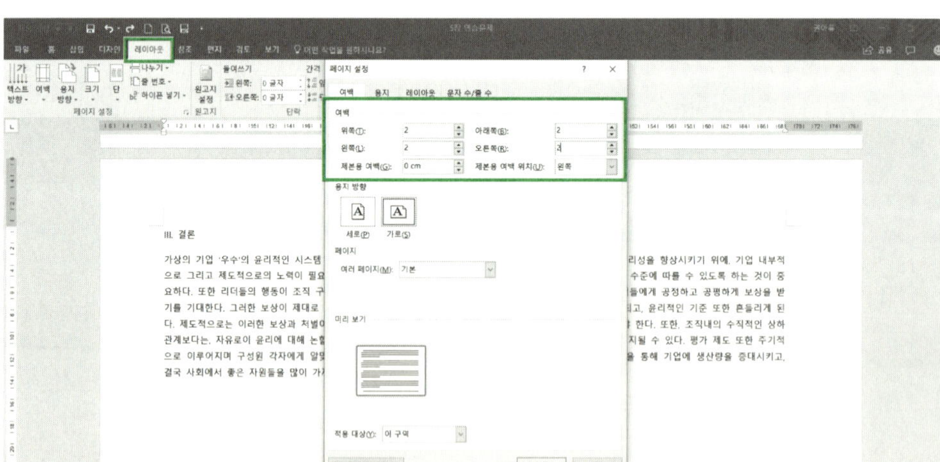

4) 다단 설정하기

선택한 텍스트 다단 설정하기

① 'II. 기업윤리 접근법'의 본문을 블록 설정한다.

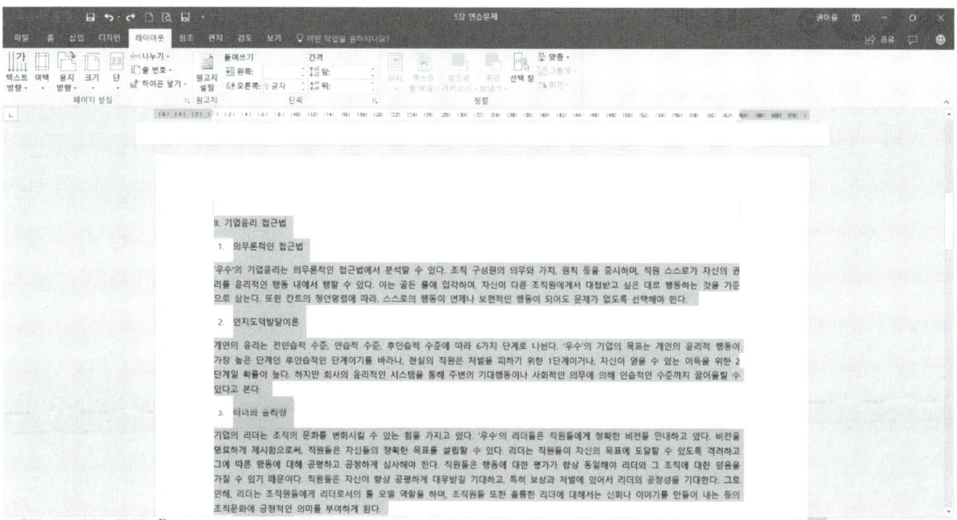

② [레이아웃] 탭—[페이지 설정] 그룹—[단]을 클릭한 후 [기타 단]을 클릭한다.

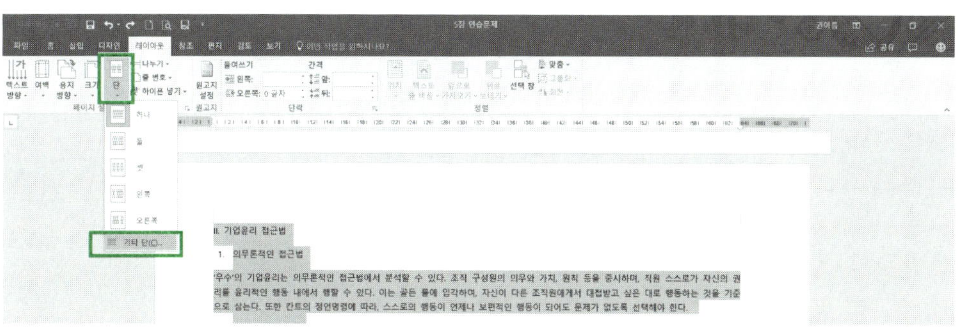

③ [미리 설정]에서 [둘]을 선택하거나 단 개수를 2로 설정한 후, 경계선 삽입을 체크한다.

④ 원하는 부분을 블록 선택한 후 단 나누기 설정 시에는 하단의 '적용 대상'이 자동으로 '선택한 구역'으로 설정되어 있다. 문서 전체를 원할 경우 변경가능하다.

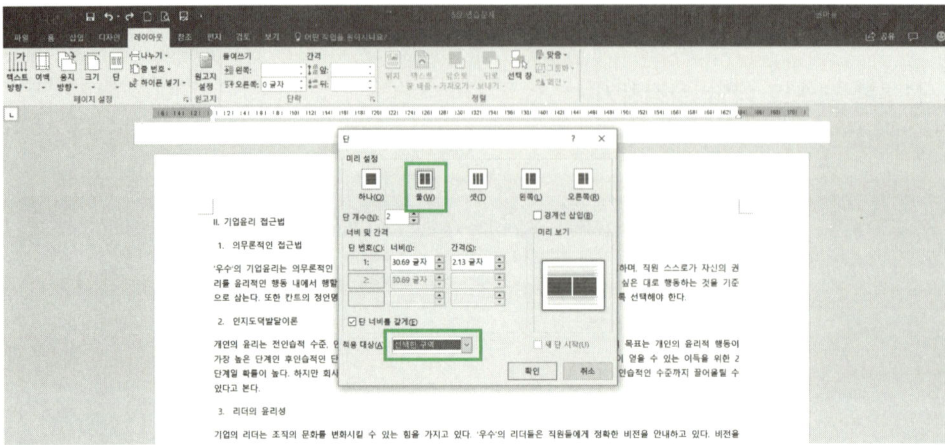

⑤ 설정 완료 후 아래와 같이 변경된다.

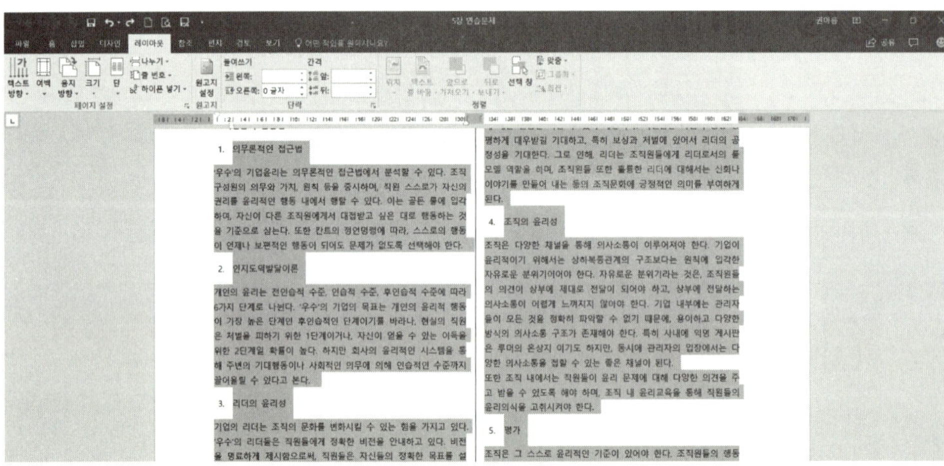

5) 단 나누기

선택한 텍스트 단 나누기

① 단 나누기 부분의 'II. 기업윤리 접근법' 부분을 모두 블록으로 설정한다.

② 단 나누기 2단을 실행한다.

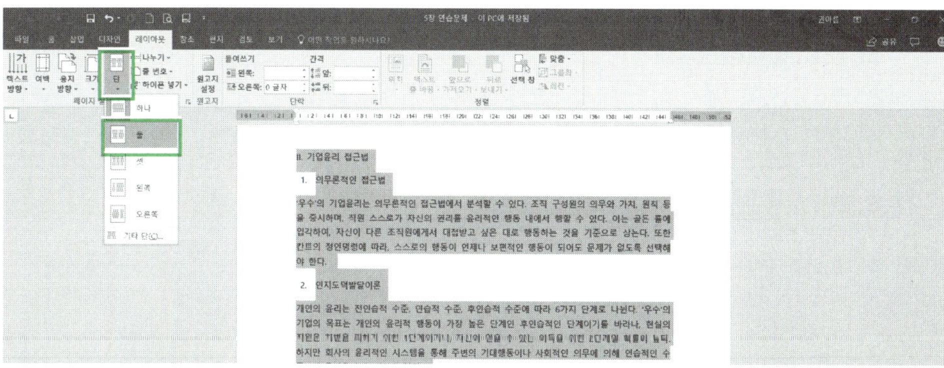

③ 2단으로 단 나누기 결과 아래와 같다.

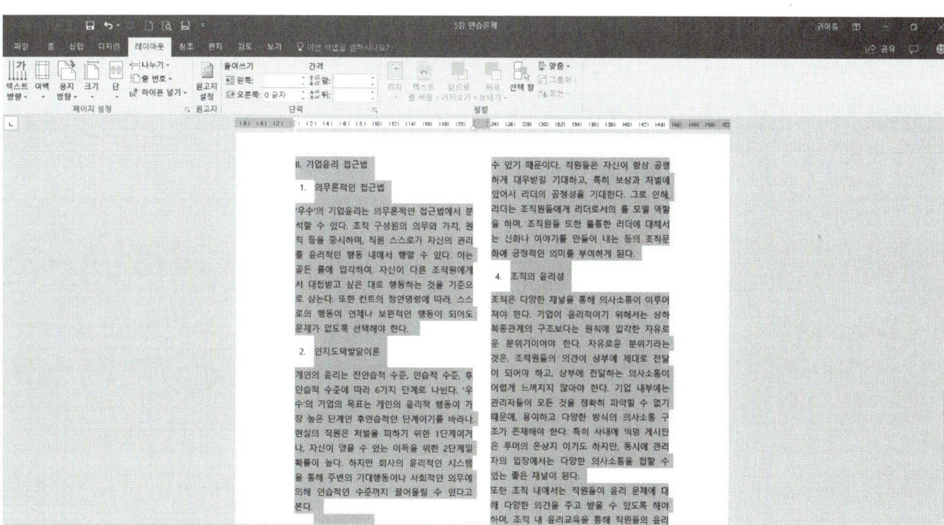

④ '3. 리더의 윤리성'에 커서를 위치한 후 [레이아웃]–[페이지 설정]–[나누기]–[단]을 클릭한다.

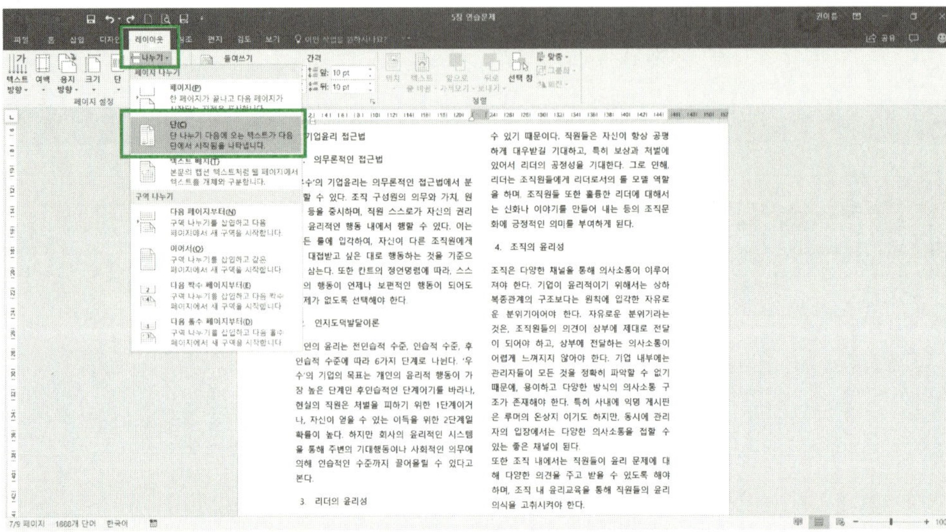

⑤ '3. 리더의 윤리성' 내용이 오른쪽 단으로 이동함을 확인할 수 있다.

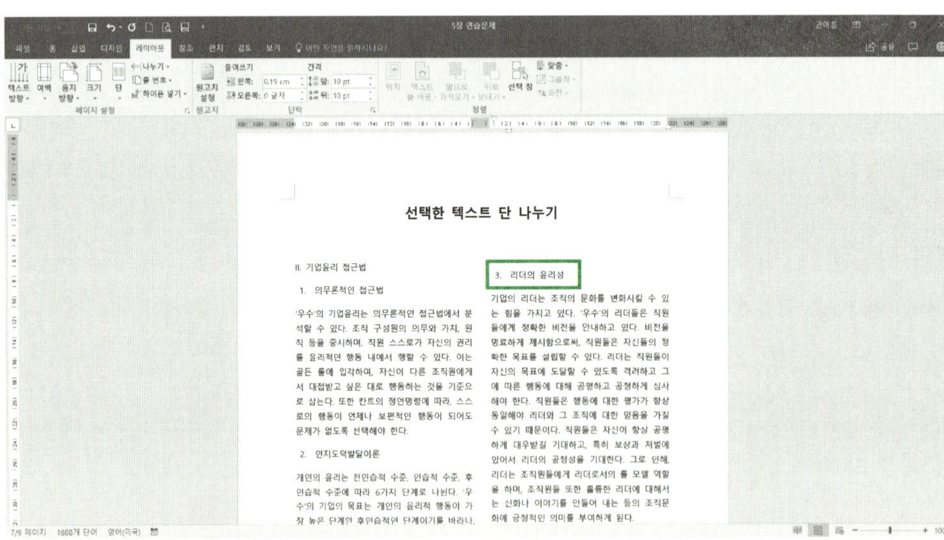

2 인쇄하기

1) 모든 페이지 인쇄하기

- [파일] 탭–백스테이지에서 [인쇄]를 클릭해 인쇄를 한다.
  또는 Ctrl+P 도 인쇄 설정이 가능하다.

설정에서 '모든 페이지 인쇄'가 선택되어 있으면 문서 전체 인쇄가 가능하다.

2) 현재 페이지 인쇄

본문 내용에서 마우스가 위치한 해당 페이지만 인쇄가 가능하다.

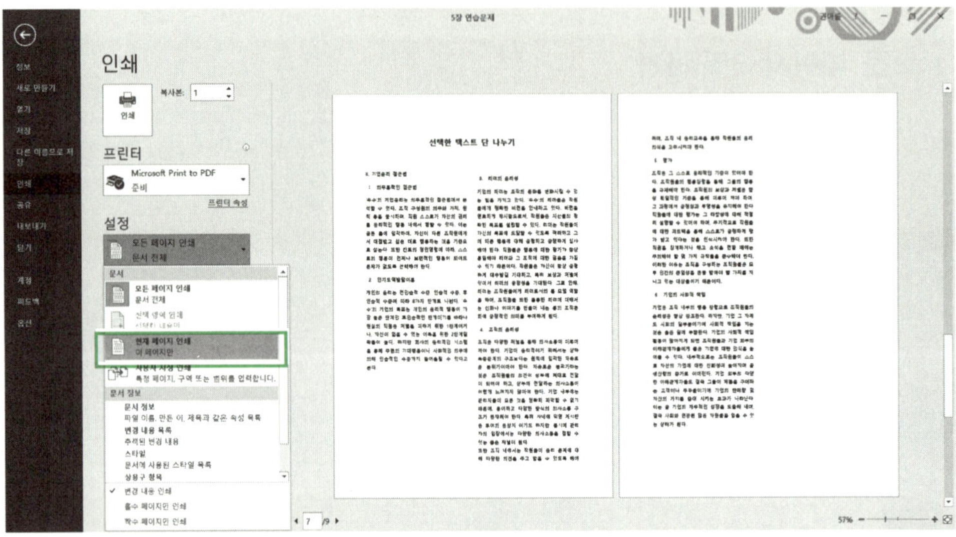

3) 사용자 지정으로 인쇄하기

- [파일] 탭–[인쇄]를 클릭–'설정' [사용자 지정 인쇄]를 선택한 후 인쇄할 페이지를 숫자로 입력한다.
- 인쇄의 범위에서 떨어진 범위는 ' , '(콤마)로 구분하고 연속 범위는 '–'(대시)로 연결한다.

1, 2, 5페이지만 부분 인쇄	페이지 수 : 1, 2, 5
1~12페이지까지 부분 인쇄	페이지 수 : 1–12
1~4페이지와 7~11페이지 부분 인쇄	페이지 수 : 1–4, 7–11

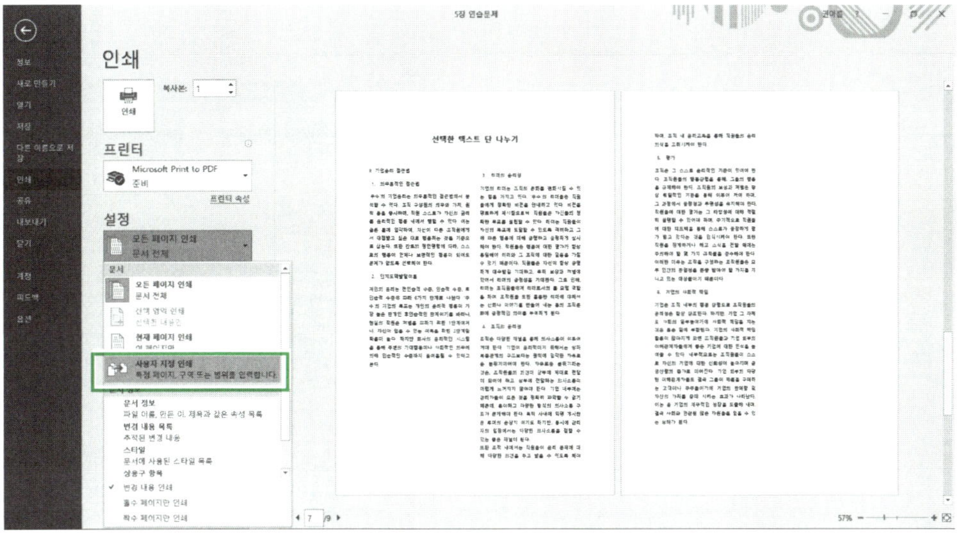

4) 한 페이지에 여러 페이지 인쇄하기

[파일] 탭－[인쇄]를 클릭－'설정' [용지 한 면에 한 페이지]를 클릭한 후 페이지 수를 선택한다.

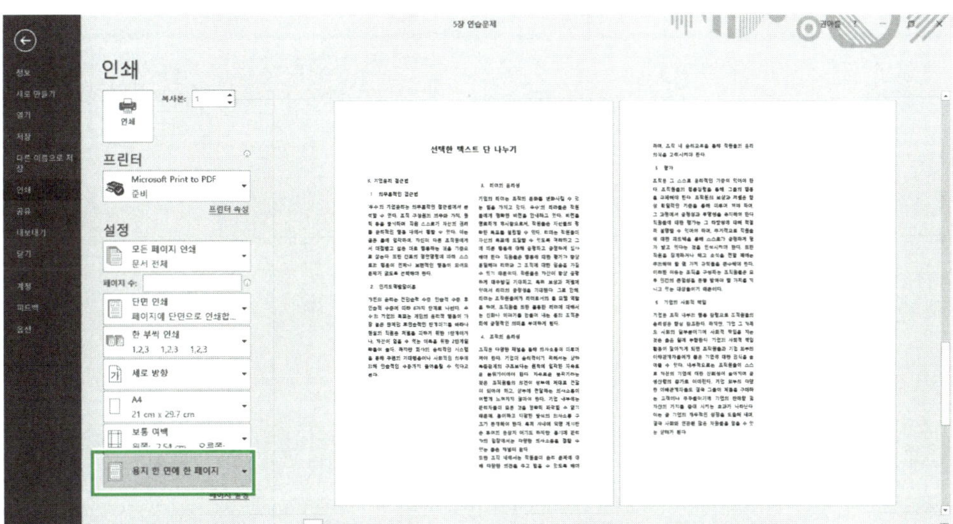

[용지 한 면에 두 페이지]를 클릭 시 아래와 같이 한 페이지 안에 두 장의 내용이 같이 인쇄된다.

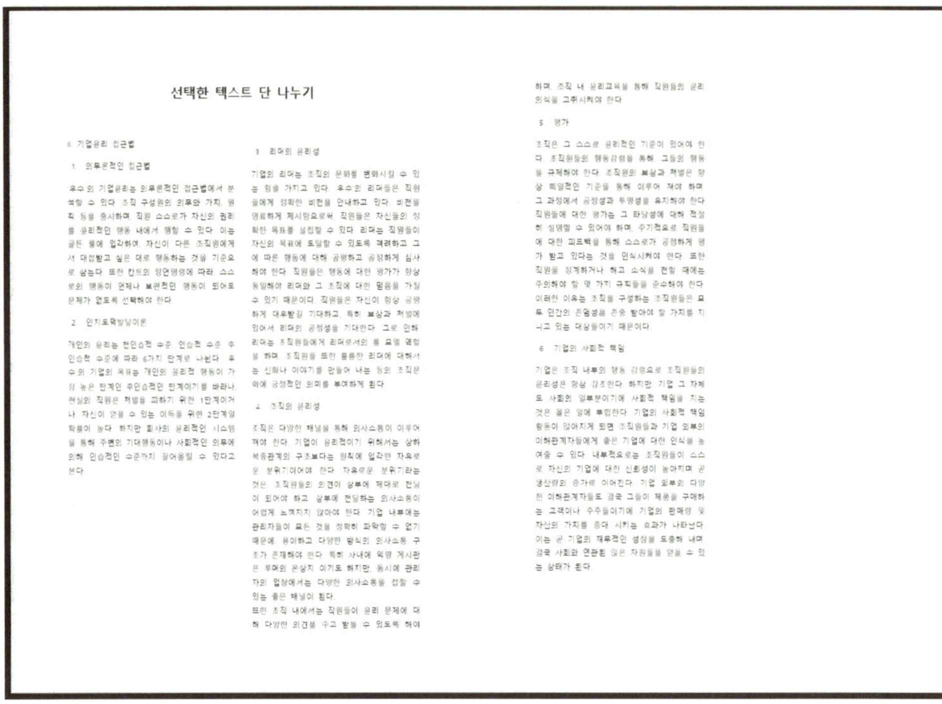

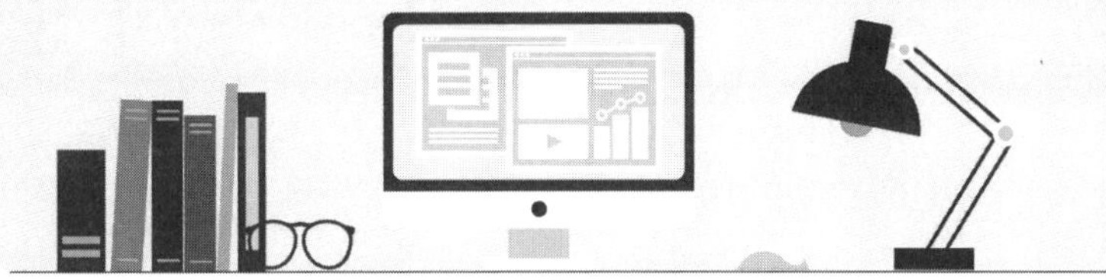

Chapter

06

페이지 꾸미기

1. 머리글/바닥글 삽입하기
2. 각주/미주 삽입하기
3. 워터마크/테두리 삽입하기
4. 하이퍼링크 삽입/삭제하기
5. 페이지 번호 삽입하기

06 Chapter

페이지 꾸미기

[연습시트 : 6장 연습문제]

1 머리글/바닥글 삽입하기

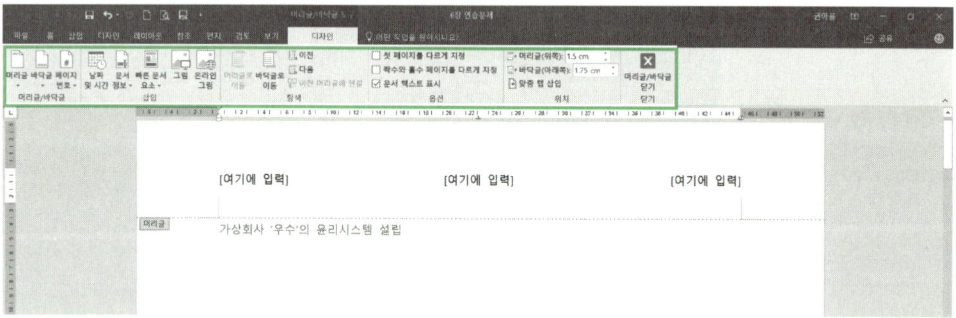

- **머리글/바닥글** : 다른 머리글/바닥글을 삽입하거나 페이지 번호를 삽입한다.
- **삽입** : 머리글/바닥글에 날짜 및 시간, 빠른 문서 요소, 그림, 온라인 그림을 삽입한다.
- **탐색** : 머리글/바닥글 영역으로 바로 이동하거나 문서가 여러 개의 구역으로 나뉘어 있을 때 다른 구역으로 이동한다.
- **옵션**
  - 첫 페이지를 다르게 지정 : 첫 페이지만 구역이 나뉘어 머리글/바닥글을 다르게 디자인할 수 있다.
  - 짝수와 홀수 페이지를 다르게 지정 : 짝수와 홀수 페이지의 머리글/바닥글을 다르게 지정할 수 있다.
  - 문서 텍스트 표시 : 문서 본문에 표시되는 텍스트를 숨기거나 표시한다.
- **위치** : 페이지 위쪽과 아래쪽 여백에 머리글/바닥글의 위치를 조절한다.

• **맞춤 탭 삽입** : 머리글/바닥글에 삽입된 내용을 왼쪽, 가운데, 오른쪽으로 정렬할 수 있는 탭 위치를 설정할 수 있다.

1) 머리글/바닥글 지정하기

[삽입] 탭–[머리글/바닥글] 그룹–[머리글]을 클릭한 후 [머리글 편집]을 선택한다.

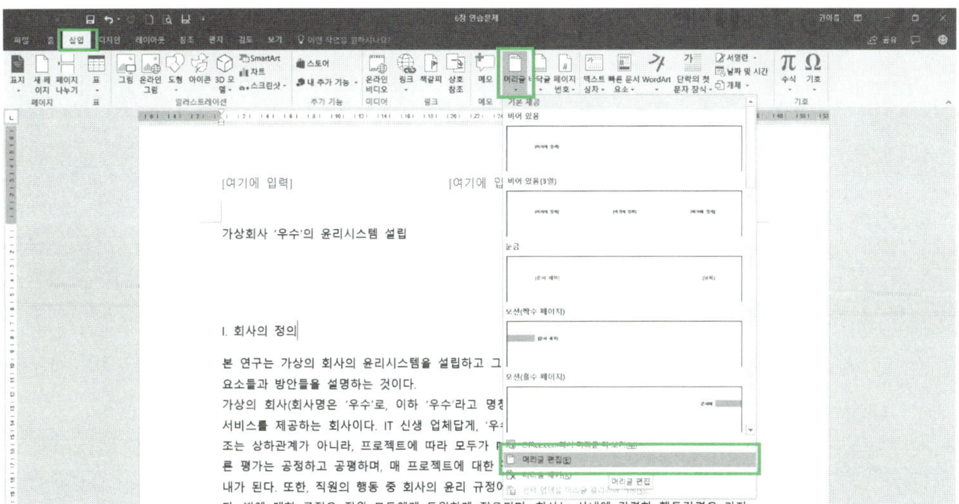

[삽입] 탭–[머리글/바닥글] 그룹–[바닥글]을 클릭한 후 [바닥글 편집]을 선택한다.

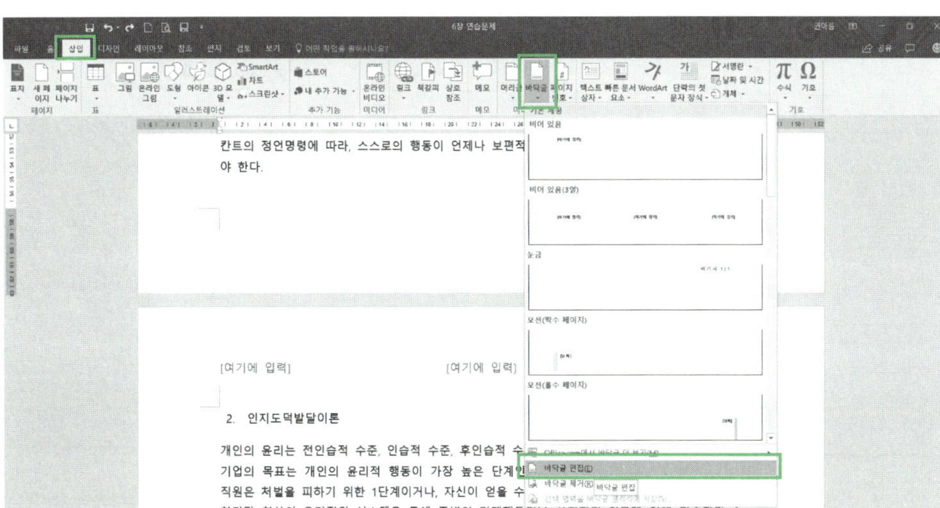

2) 머리글 작성하기

[머리글/바닥글 도구]–[디자인] 탭–[삽입] 그룹–[문서정보]를 클릭한 후 [만든 이]를 선택하여 입력한다.

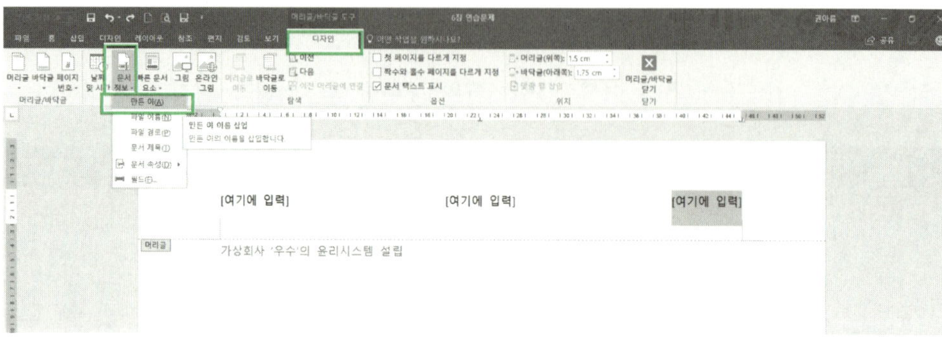

3) 바닥글 작성하기

① [머리글/바닥글 도구]–[디자인] 탭–[머리글/바닥글] 그룹–'비어 있음(3열)'을 선택한다.

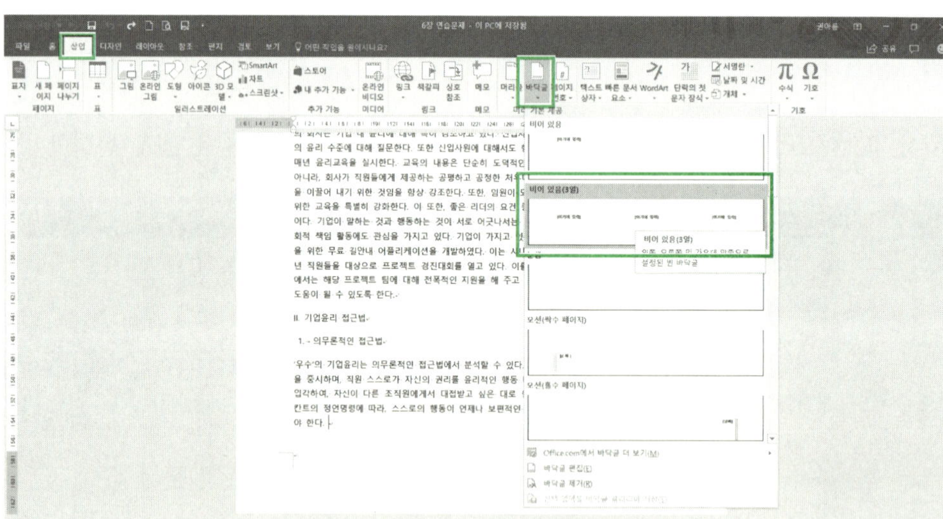

② [머리글/바닥글 도구]–[디자인] 탭–[삽입] 그룹–[문서정보]–'파일 이름'을 삽입 후 머리글/바닥글 닫기를 누른다.

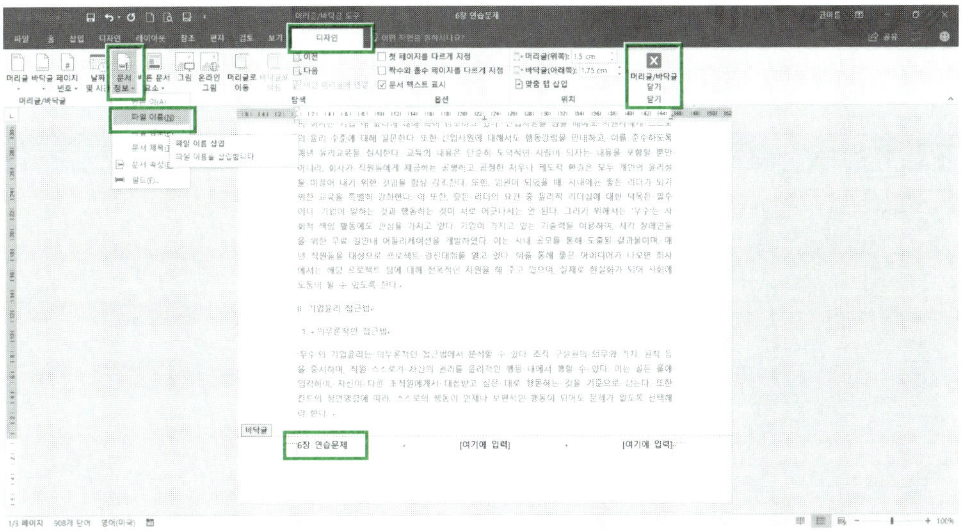

4) 머리글/바닥글 구역마다 다르게 지정하기

① 커서를 'II. 기업윤리 접근법' 앞에 위치한다.

② [페이지 레이아웃] 탭–[페이지 설정] 그룹–[구역 나누기]–[다음 페이지부터]를 클릭한다.

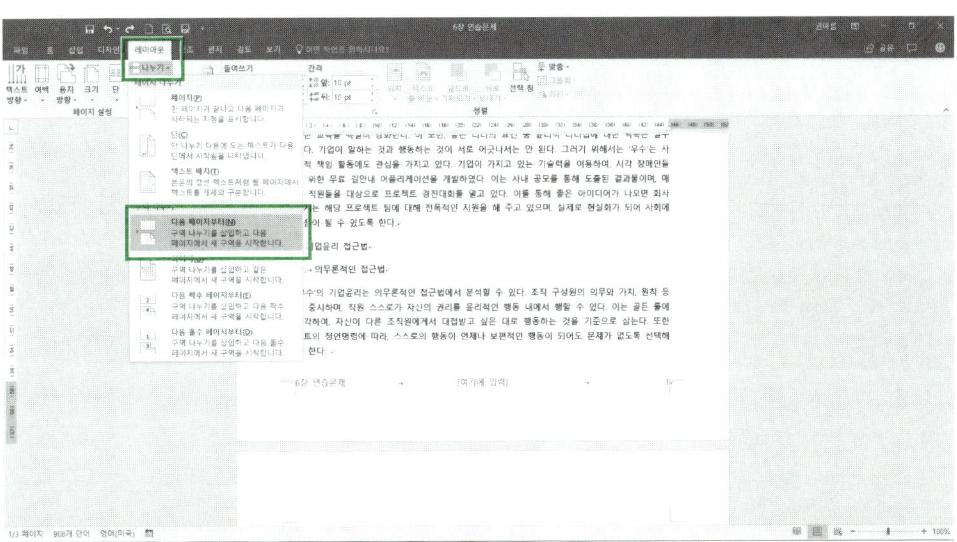

③ [삽입]–[머리글]–[머리글 편집]을 클릭한다.

또는 머리글 위치에서 더블 클릭을 하면 머리글 편집이 가능하다.

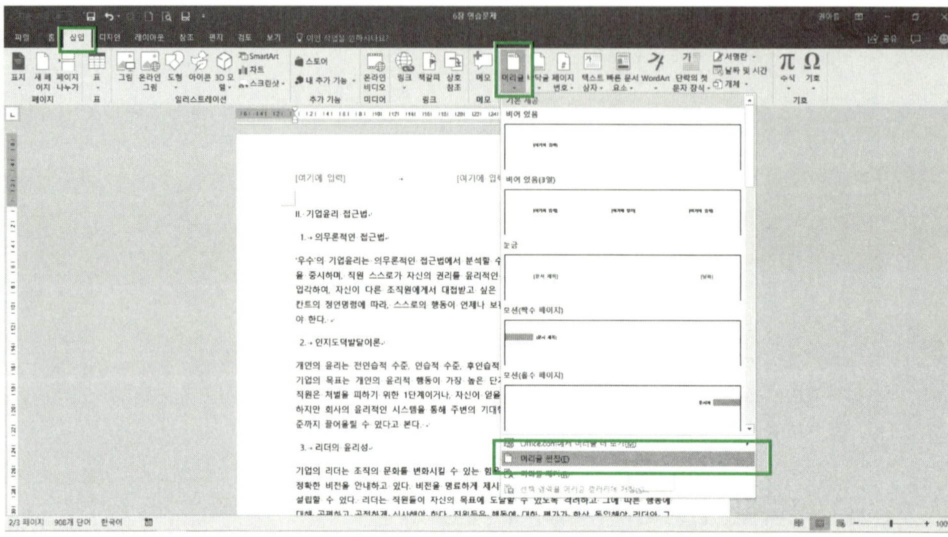

④ [머리글/바닥글 도구]–[디자인] 탭–[탐색] 그룹–[이전 머리글 연결]을 클릭하여 체크 해제한다.

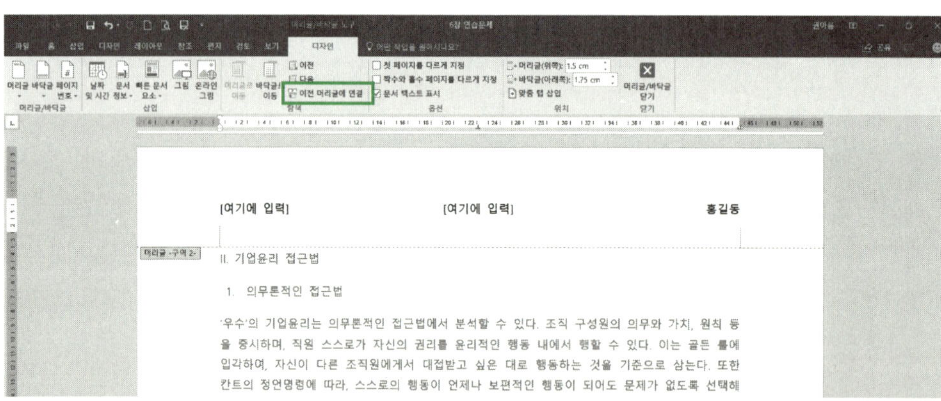

⑤ 머리글 내용을 편집한 후 머리글/바닥글 닫기를 누른다.

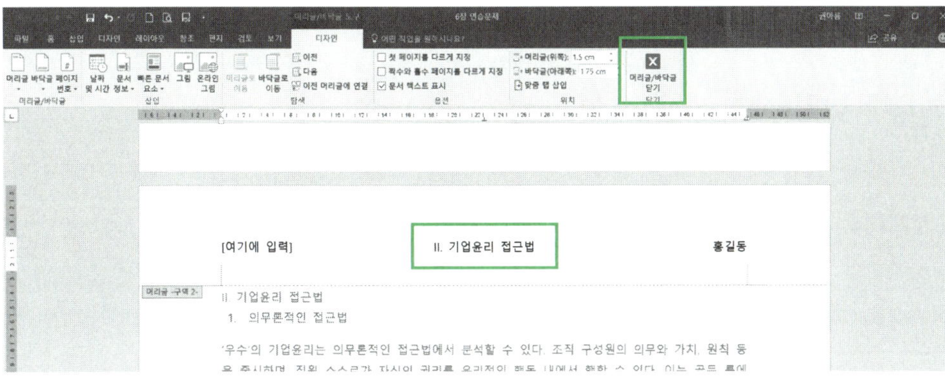

⑥ '이전 머리글에 연결'을 해제 후 머리글을 편집하면 구역 1과 구역 2의 머리글이 아래와 같이 다르게 설정된다.

〈구역 1〉

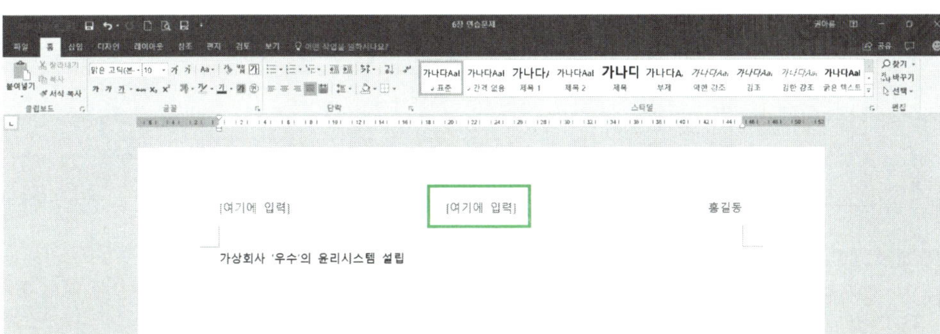

〈구역 2〉

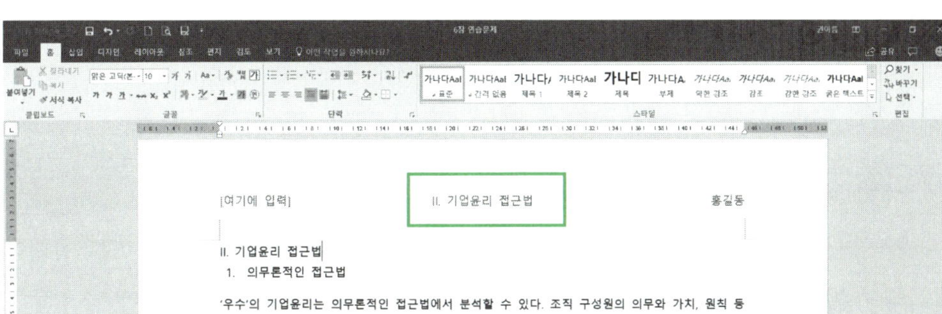

2 각주/미주 삽입하기

1) 각주 삽입하기

- 각주는 삽입된 단어의 페이지 하단에 단어에 대한 보충 설명을 덧붙이는 방법이다.
- 커서를 '5. 평가' 뒤에 위치한다.
- [참조] 탭–[각주] 그룹–[각주 삽입]을 클릭한다.
- 페이지 하단에 해당하는 각주 번호의 위치에서 '조직원들에 대한 평가방법'이라는 설명을 작성한다.

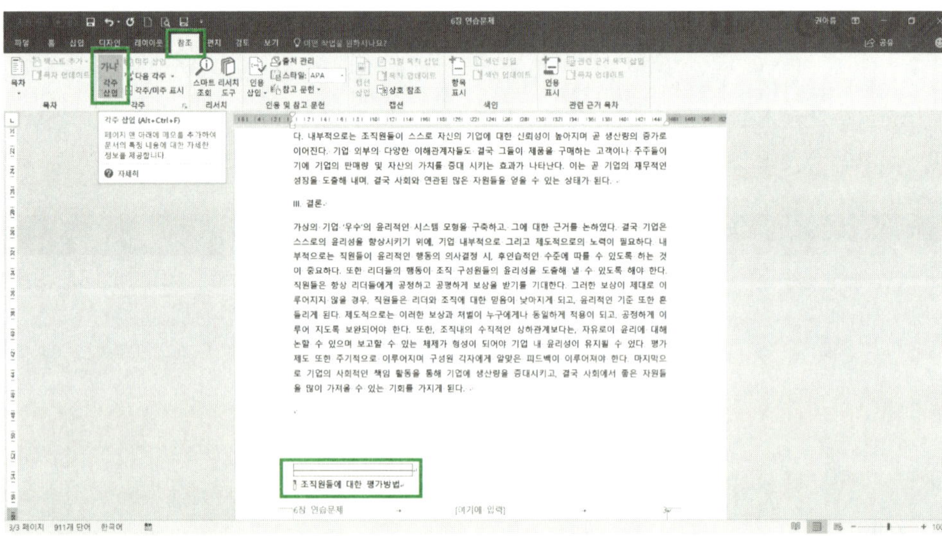

- 기존에 각주 삽입이 된 문서에 추가로 각주를 삽입하더라도, 문서의 처음부터 오름차순 번호 순으로 각주 번호가 기입된다.
- 각주에 대한 글꼴 서식은 별도로 지정이 가능하다.

2) 미주 삽입하기

- 각주와의 차이점은 미주는 문서의 마지막 페이지에 보충 설명을 덧붙이는 방법이다. 일반적으로 문서의 마지막 페이지에 참고문헌을 삽입할 경우 많이 사용한다.

- 각주를 삽입할 단어의 끝 '6. 기업의 사회적 책임' 뒤에 커서를 위치한 후, [참조] 탭–[각주] 그룹–[미주 삽입]을 클릭한다.

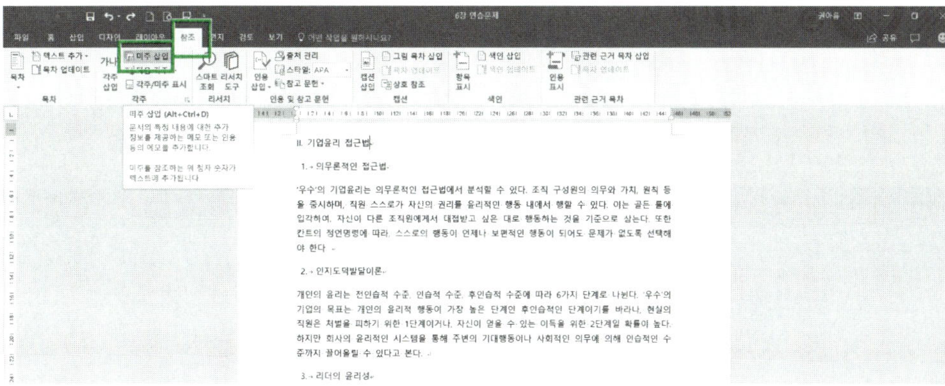

- 해당 미주 번호의 위치에 '홍길동(2017). 기업의 사회적 책임에 대한 견해.'라는 보충 설명 또는 참고문헌을 삽입한다.

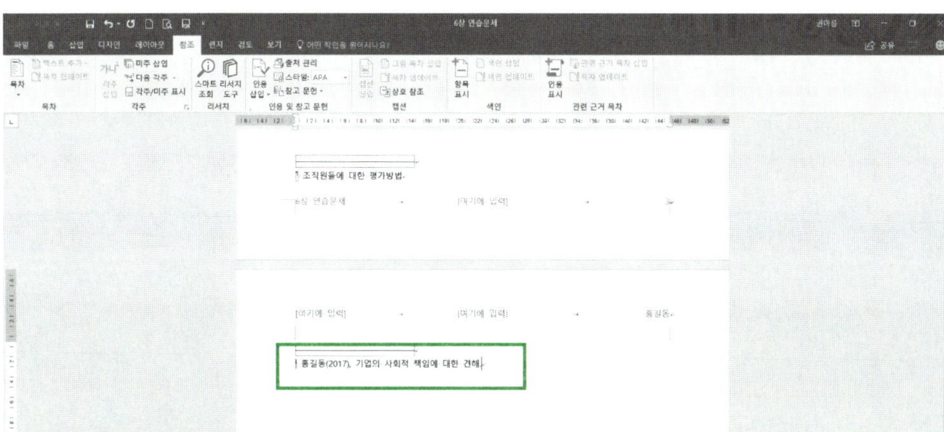

3 워터마크/테두리 삽입하기

1) 텍스트 워터마크 삽입하기

① [디자인] 탭–[페이지 배경] 그룹–[워터마크]–[사용자 지정 워터마크]를 클릭한다.

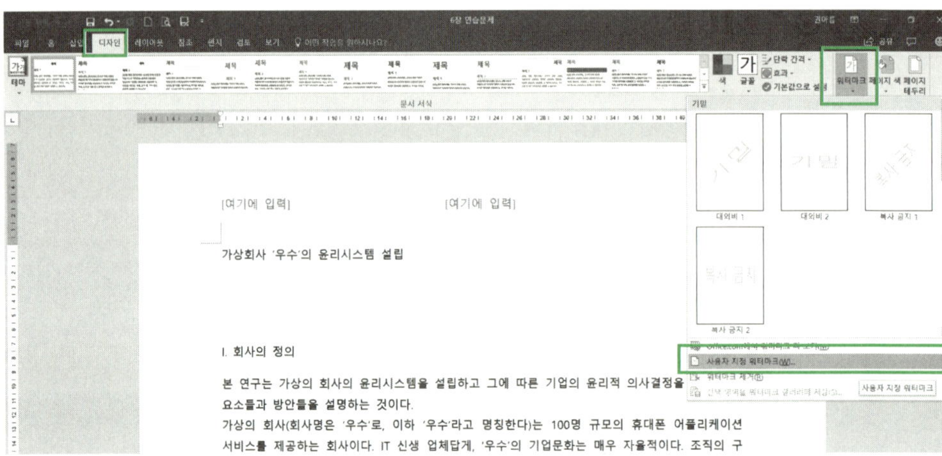

② [텍스트 워터마크]를 선택한 후 텍스트란에 '가상회사'를 작성한 후 확인을 누른다.

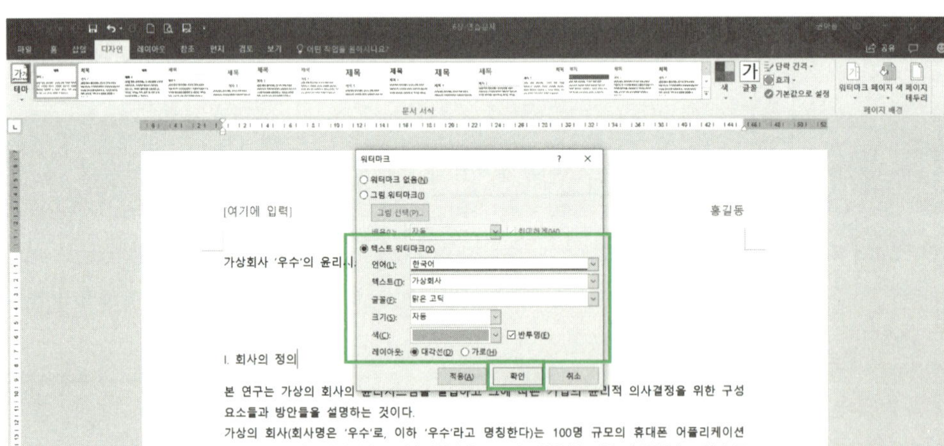

③ 완료 후 페이지 내부에 아래와 같이 워터마크가 표시된다.

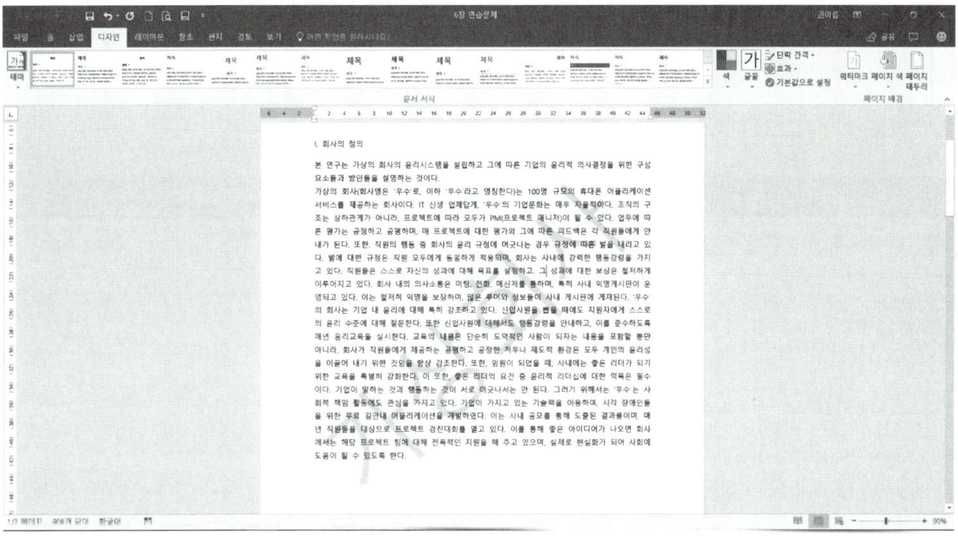

④ 워터마크 삭제 시 [디자인] 탭–[페이지 배경] 그룹–[워터마크]–[워터마크 제거]를 누른다.

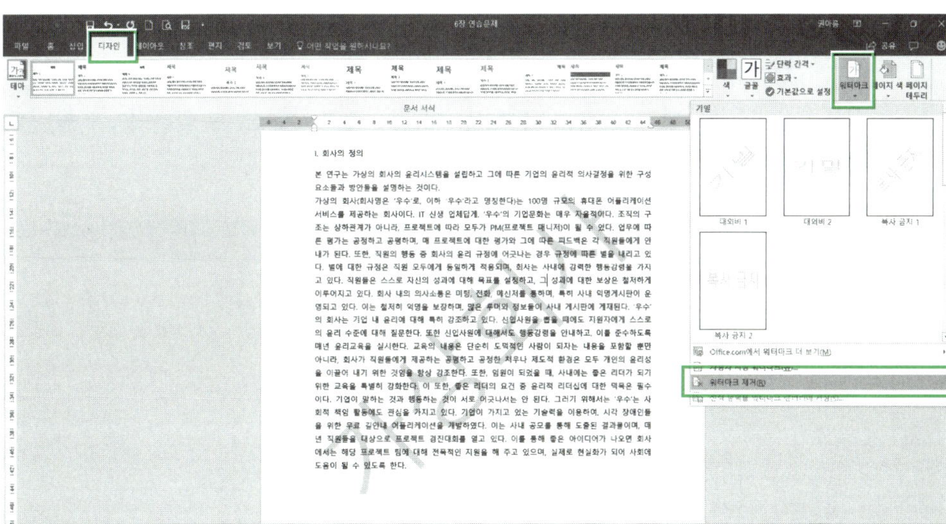

2) 이미지 워터마크 삽입하기

① [디자인] 탭–[페이지 배경] 그룹–[워터마크]–[사용자 지정 워터마크]를 클릭한다.

② [그림 선택]을 클릭한 후 [컴퓨터 이미지 파일] 또는 [온라인 검색]으로 원하는 이미지를 삽입한다.

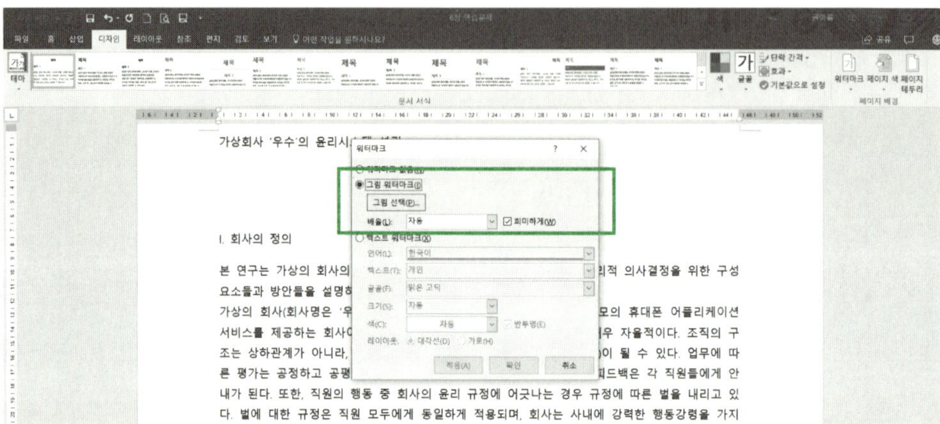

3) 페이지 테두리 삽입하기

① [디자인] 탭–[페이지 배경] 그룹–[페이지 테두리]를 클릭한다.

② 설정에서 '상자'를 선택한 후, 스타일에서는 첫 번째 '실선'을 선택한 후 확인을 누른다.

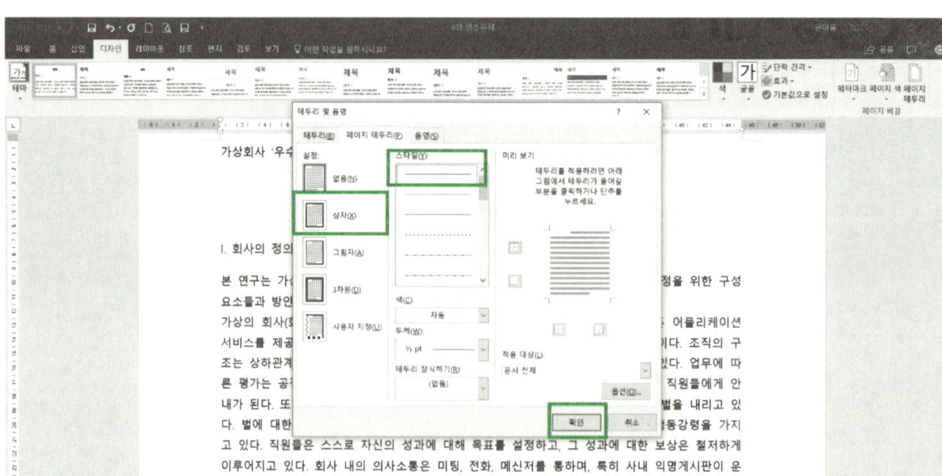

③ 문서 전체에 아래와 같이 페이지 테두리가 삽입된다.

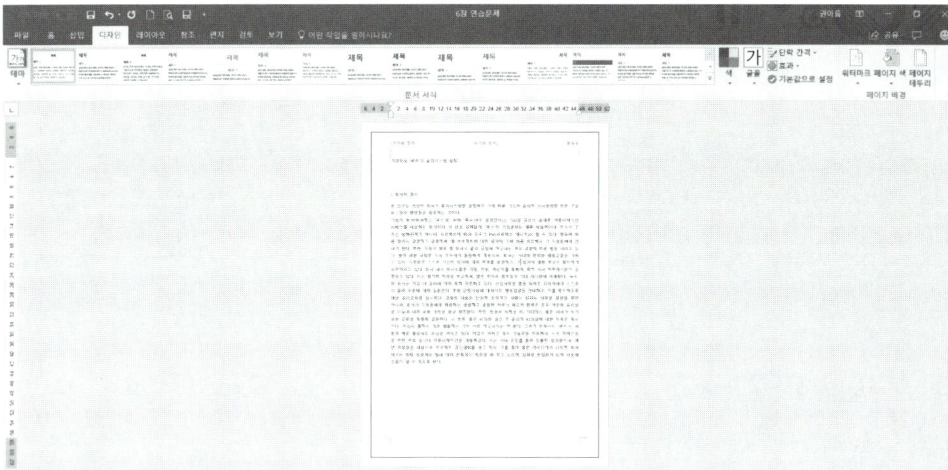

4 하이퍼링크 삽입/삭제하기

1) 인터넷 하이퍼링크 삽입하기

① 페이지 하단에 'www.crbooks.co.kr/main'을 블록 설정한다.

② [삽입] 탭-[링크] 그룹-링크를 클릭한 후, '기존 파일/웹 페이지' 탭에서 하단의 주소에 'www.crbooks.co.kr/main'을 입력 후 확인을 누른다.

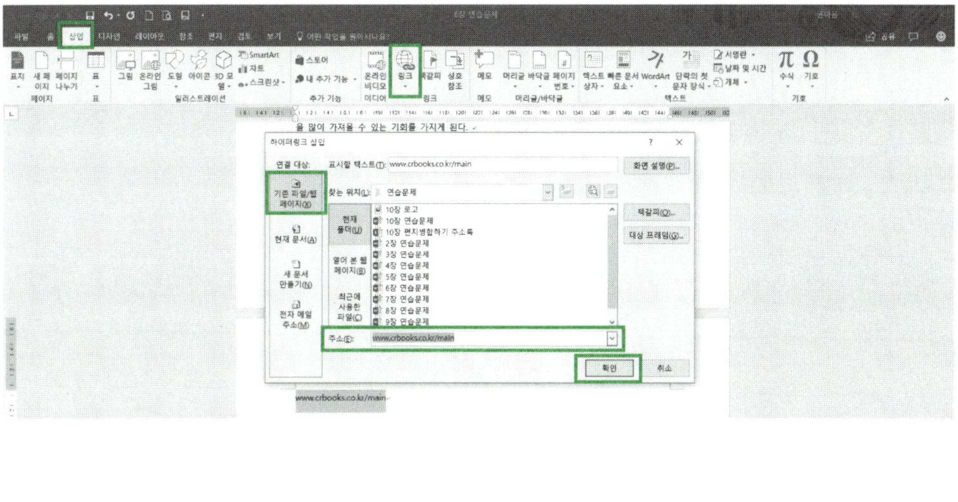

③ 하이퍼링크가 연결되면 글씨색이 파란색으로 변경되며, Ctrl을 누른 상태에서 클릭 시 인터넷 링크로 연결된다.

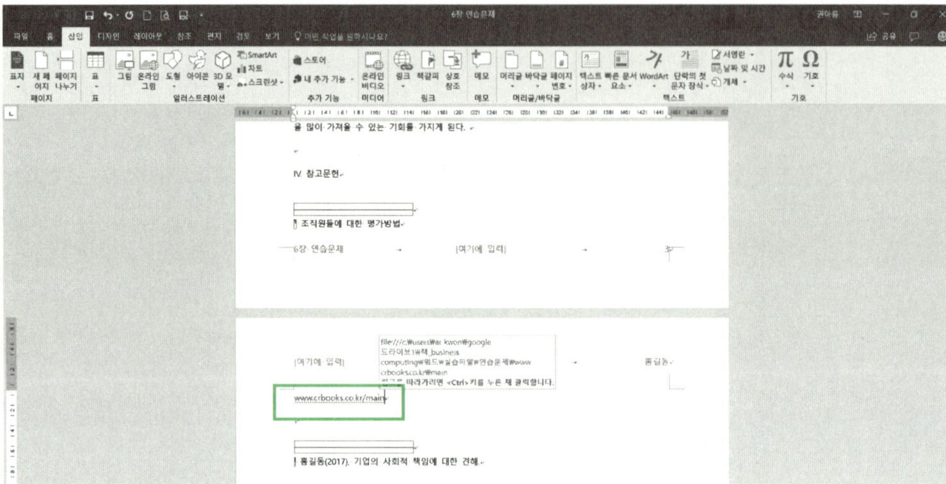

2) 하이퍼링크 삭제

① 연결된 하이퍼링크를 삭제할 경우, 하이퍼링크에 커서를 위치한 후 마우스 오른쪽 버튼을 클릭한다.

② '하이퍼링크 제거'를 누르면 바로 삭제된다.

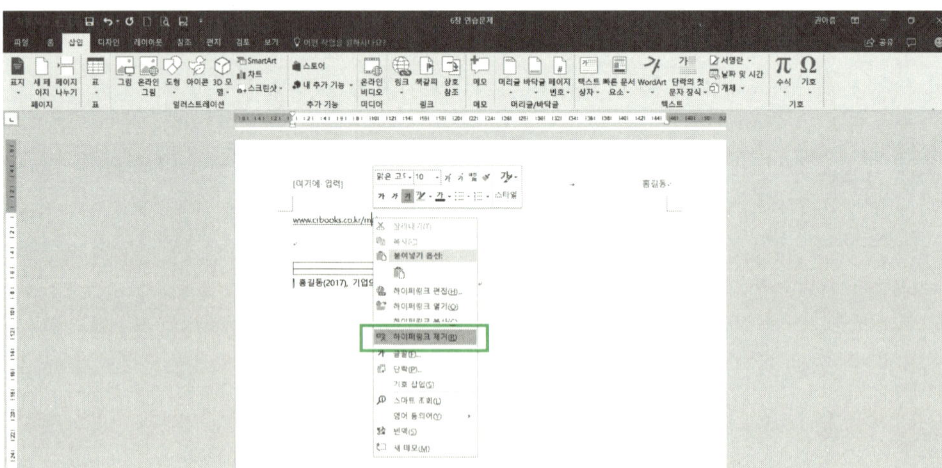

5 페이지 번호 삽입하기

1) 바닥글로 페이지 번호 삽입하기

① 바닥글의 마지막 탭 위치를 더블 클릭한다.

② [머리글/바닥글 도구]–[디자인] 탭–[머리글/바닥글] 그룹–[페이지 번호]의 '현재 위치'에서 첫 번째 '일반 번호'를 삽입 후 머리글/바닥글 닫기를 누른다.

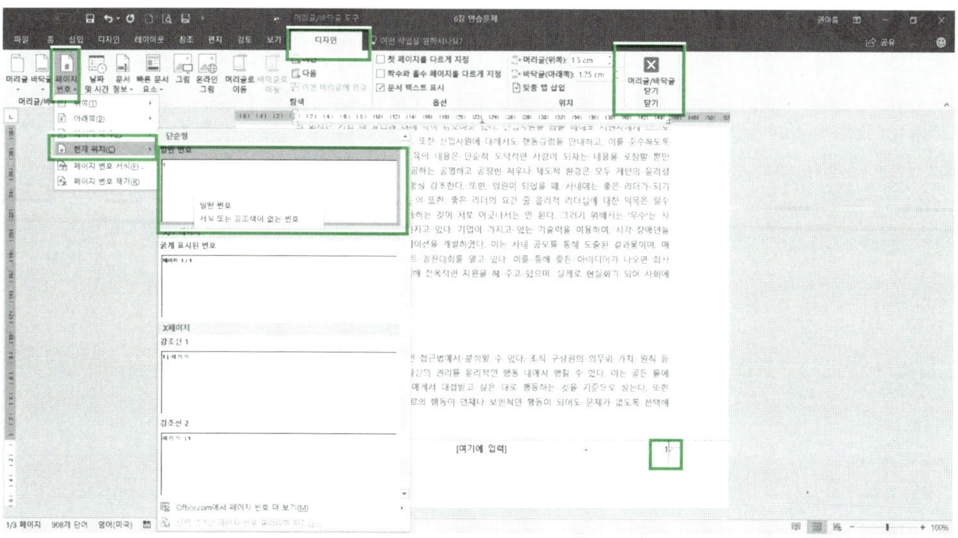

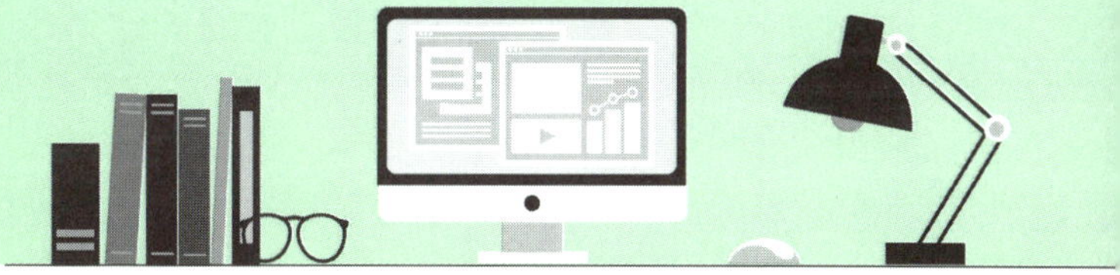

Chapter

07

개체 삽입하기

07 개체 삽입하기

Chapter

[연습시트 : 7장 연습문제, CH7 사진 1]

1 이미지 삽입하기

① 커서를 ‘I. 회사의 정의’ 단락에서 세 번째 줄 ‘가상의 회사 ~’ 앞에 위치한다.

② [삽입] 탭–[일러스트레이션] 그룹–[그림]을 클릭한다.

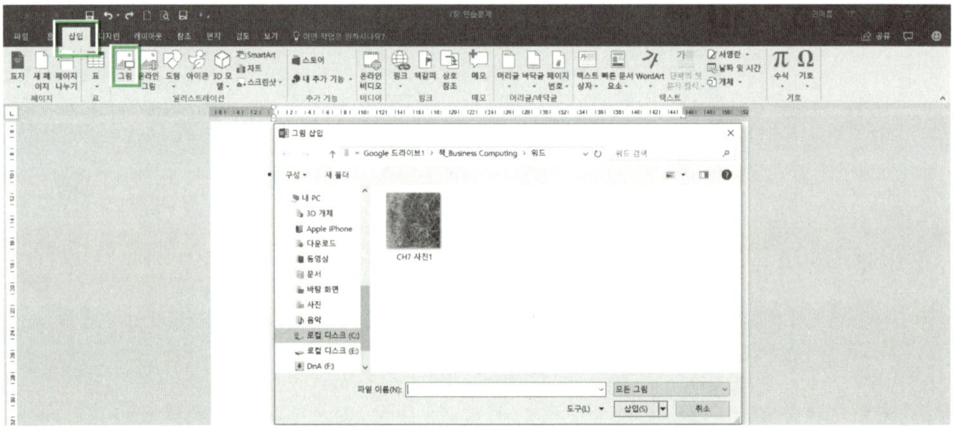

1) 이미지 크기 조절 및 텍스트 배치하기

① [그림 도구]–[서식] 탭–[정렬] 그룹–[텍스트 줄 바꿈]–[정사각형]을 클릭하여 선택한다.

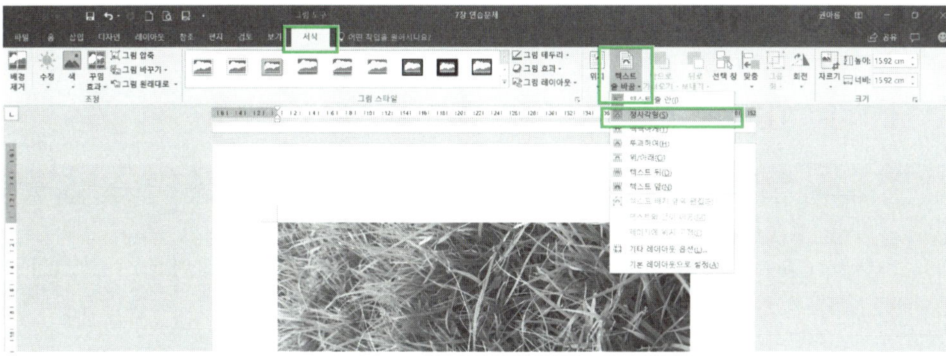

또는 [텍스트 줄 바꿈]-[기타 레이아웃 옵션]을 클릭한다.

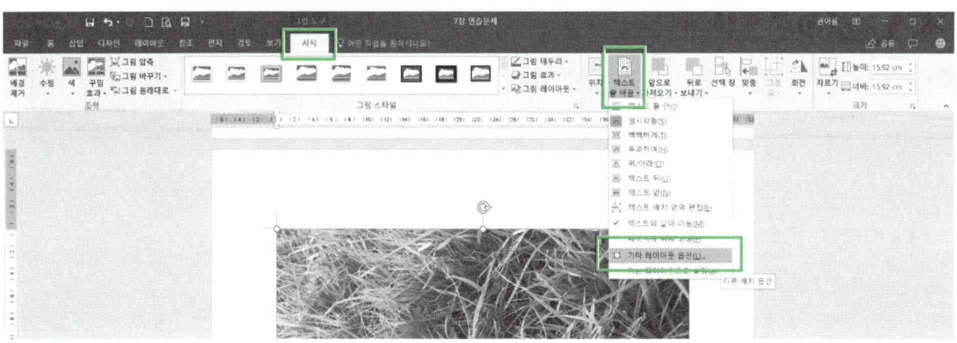

② [텍스트 배치] 탭에서 '정사각형'을 선택한 후 확인을 누른다.

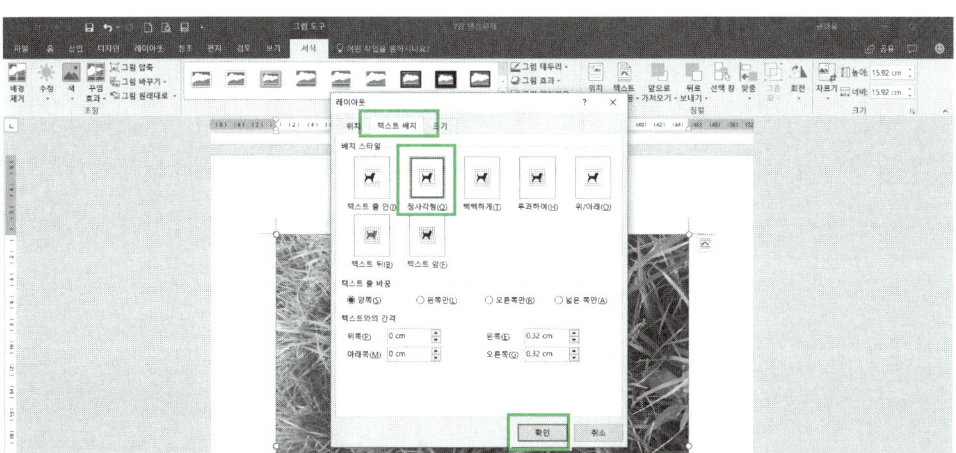

③ [그림 도구]–[서식] 탭–[크기] 그룹–[고급 레이아웃 : 크기] 대화상자 표시 아이콘–[레이아웃] 대화상자가 나타나면 [크기] 탭의 '배율'을 변경하고 확인을 누른다.

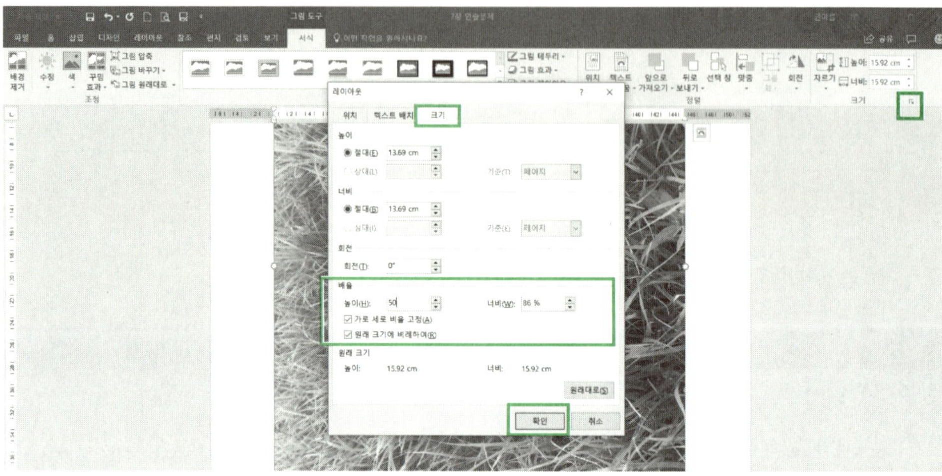

④ 배율을 50%로 설정한 후 확인을 누르면, 아래와 같이 나타난다.

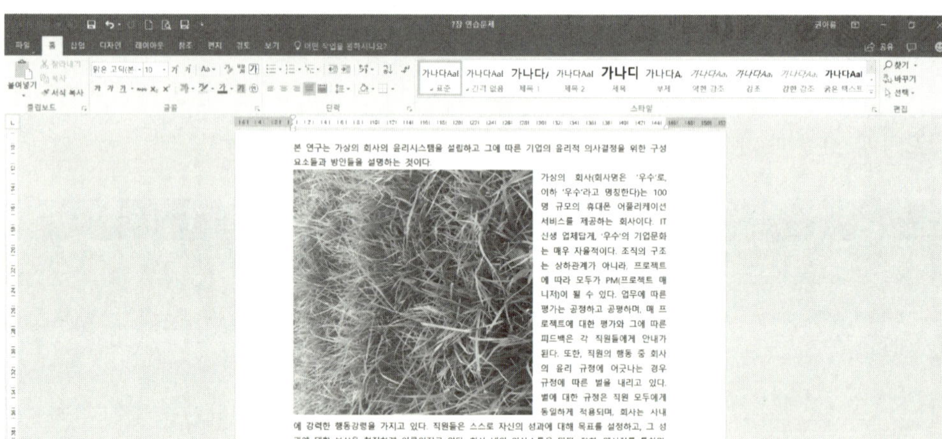

2) 온라인 이미지 삽입하기

① 'II. 5. 평가 단락'에서 '조직은 그 스스로 윤리적인 기준이 있어야 한다' 앞에 커서를 위치한다.

② [삽입] 탭-[일러스트레이션] 그룹-[온라인 그림]을 클릭한다.

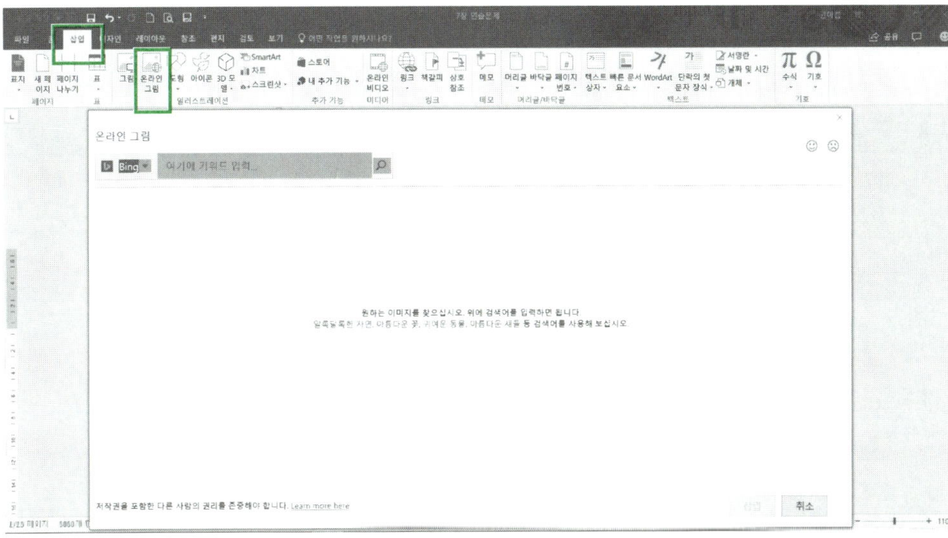

③ [그림 삽입] 대화상자-'Office.com 클립 아트' 검색 후 선택하여 [삽입]을 누른다.

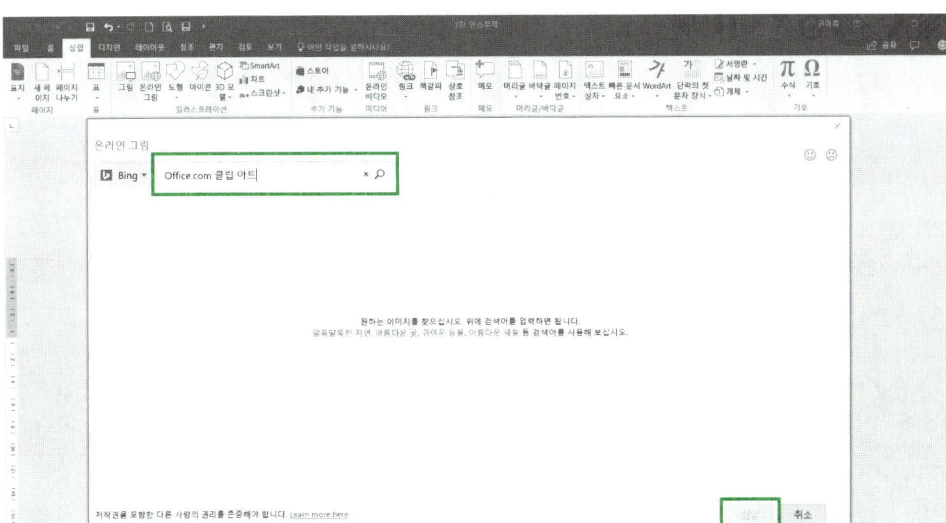

④ [그림 도구]–[서식] 탭–[크기] 그룹–[고급 레이아웃 : 크기] 대화상자 표시 아이콘–[레이아웃] 대화상자가 나타나면 [크기] 탭의 '배율'을 높이 50%, 너비 50%로 변경한다.

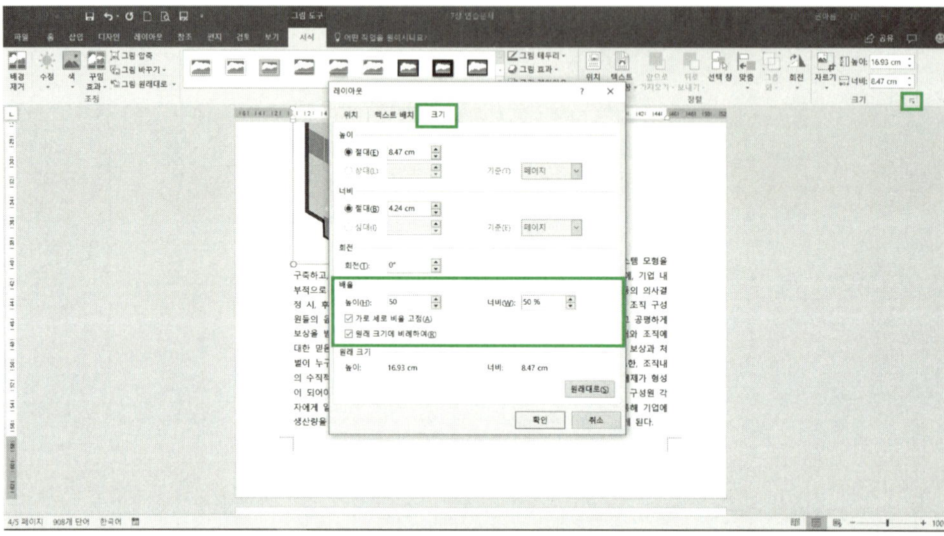

⑤ [레이아웃 옵션] 단추–'텍스트 배치'에서 [정사각형]을 선택하고 확인을 누른다.

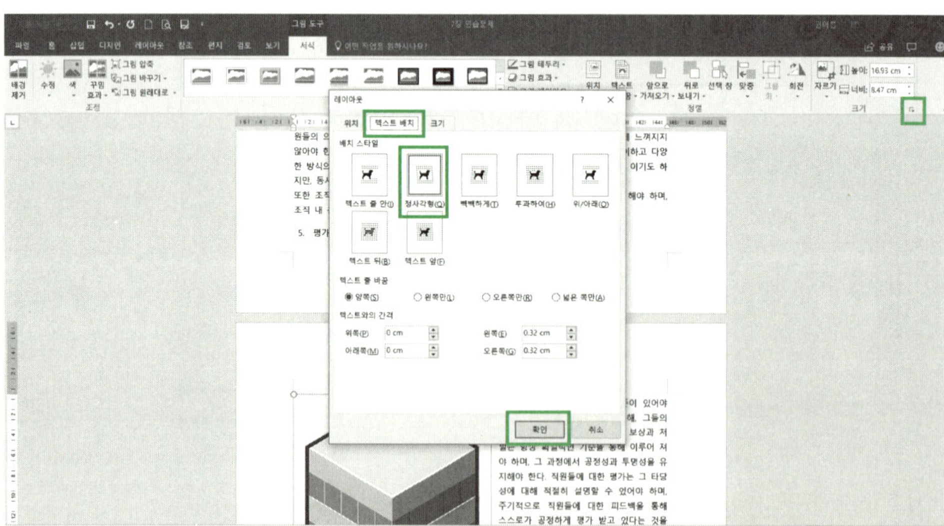

3) 텍스트 상자 삽입하기

① 텍스트 상자를 삽입하기 위해서는 [삽입] 탭－[텍스트] 그룹－[텍스트 상자]－[가로 텍스트 상자 그리기]를 선택한다.

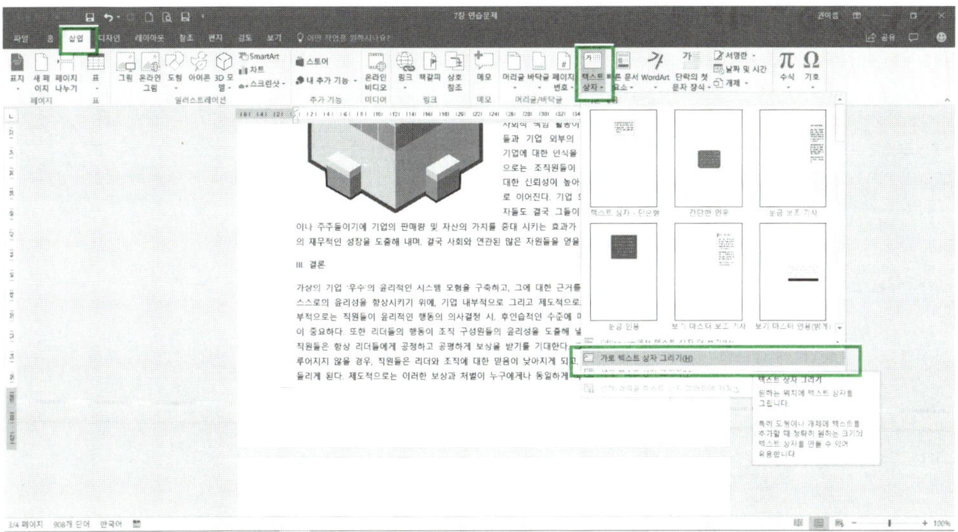

② 'III. 결론' 단락에서 '가상의 기업 ~' 앞에서 텍스트 상자를 그리고, 상자 안에 '결론'이라고 쓴다.

③ [그리기 도구]의 [서식] 탭–[도형 스타일] 그룹–[도형 서식] 창 표시 아이콘–[텍스트 옵션]–[레이아웃 및 속성]–[도형을 텍스트 크기에 맞춤]에 체크한다.

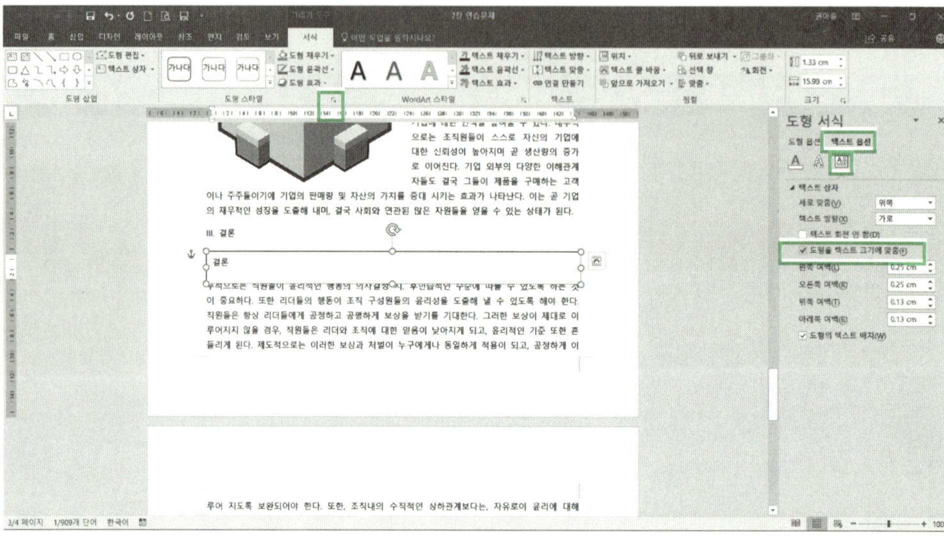

④ [그리기 도구]–[서식] 탭–[정렬] 그룹–[위치]–[텍스트 줄 안]을 선택한다.

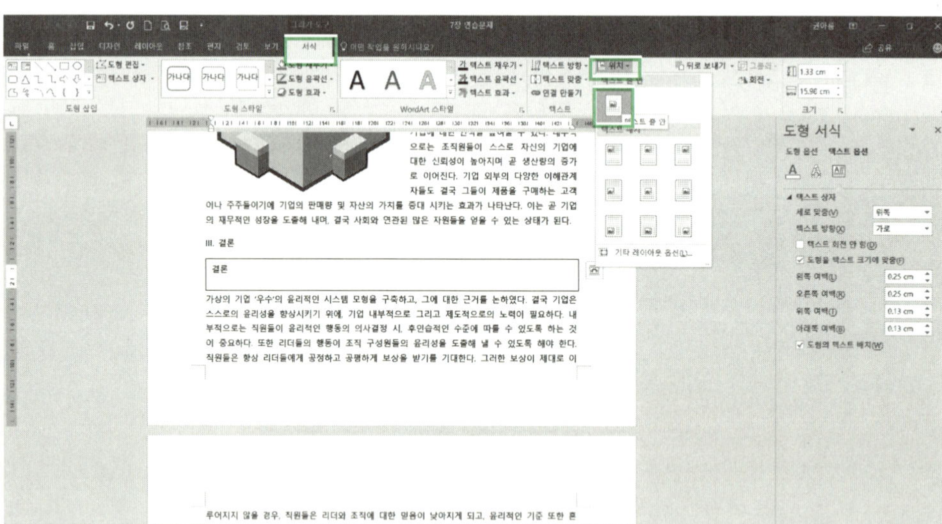

4) 아이콘 삽입하기

① 아이콘을 삽입할 곳에 커서를 위치한다. ('II. 1. 의무론적인 접근법' 단락의 "우수'의 기업윤리는' 앞에 커서를 위치한다.)

② [삽입]–[일러스트레이션] 그룹–[아이콘]을 클릭한 후, 스크롤 바를 내려 [비즈니스] 그룹 내의 세 번째 아이콘을 삽입한다.

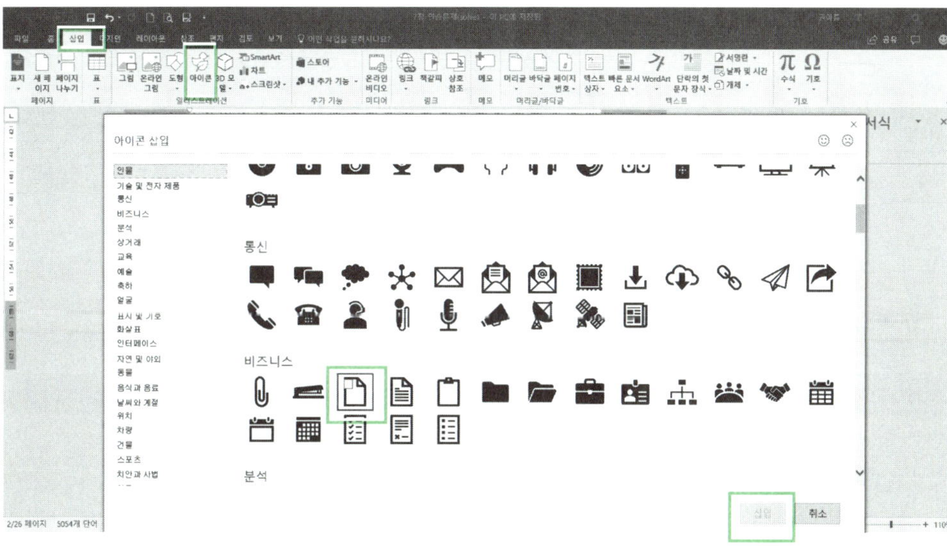

③ 그래픽 스타일을 변경하고 싶을 때는 [그래픽 도구]–[서식]–[그래픽 스타일]에서 세 번째 '밝은색 1 채우기, 색 윤곽–강조 2'를 선택한다.

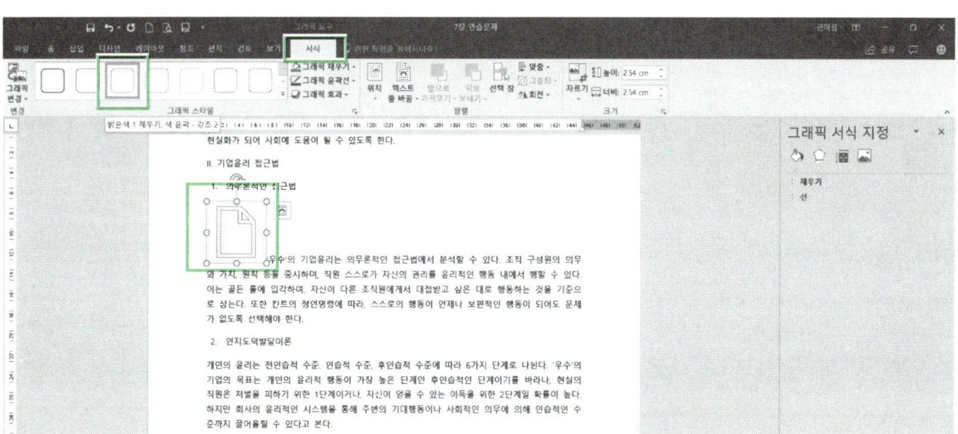

④ 아이콘 변경을 원할 경우 [그래픽 도구]–[서식]–[그래픽 변경]–[아이콘]을 선택하여 변경하고자 하는 아이콘을 다시 선택한다.

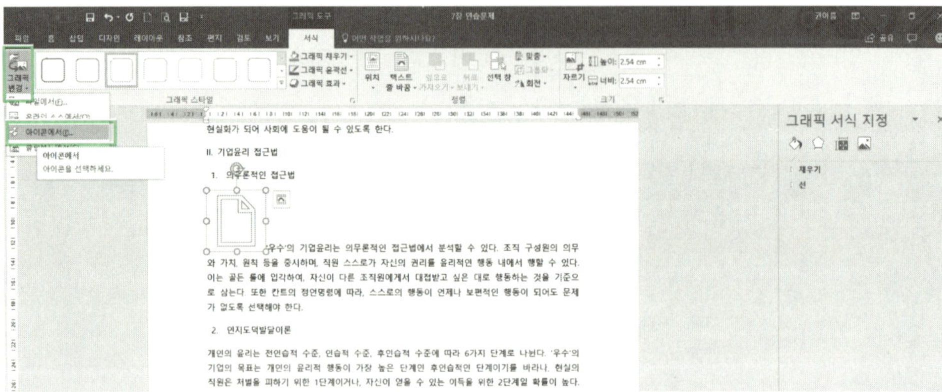

⑤ 변경 후 아래와 같이 나타난다.

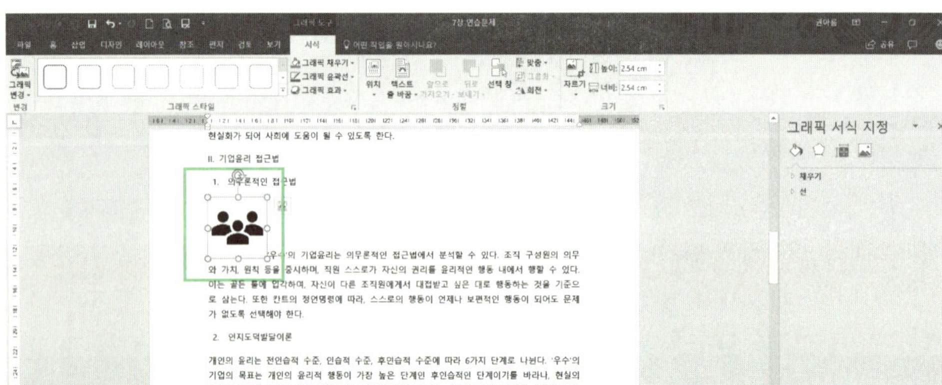

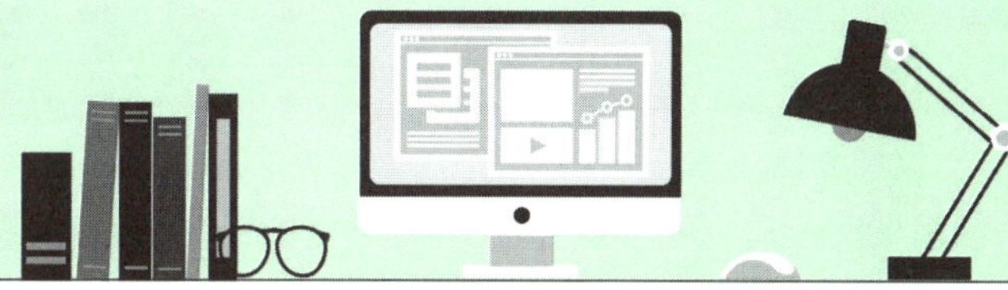

Chapter

08

표 작성하기

1. 표 만들기
2. 수식 작성하기
3. 캡션 넣기

08 표 작성하기

Chapter

[연습시트 : 8장 연습문제]

1 표 만들기

표 크기 설정 팔레트 이용하기

1 커서를 '〈표-1〉 비서자격증 필기 응시 인원 및 합격률' 아래 줄(표를 작성하고자 하는 곳)에 위치한다.

2 [삽입] 탭-[표] 그룹-설정 팔레트를 이용하여 원하는 사이즈(열 개수 : 6, 행 개수 : 8)로 드래그한다.

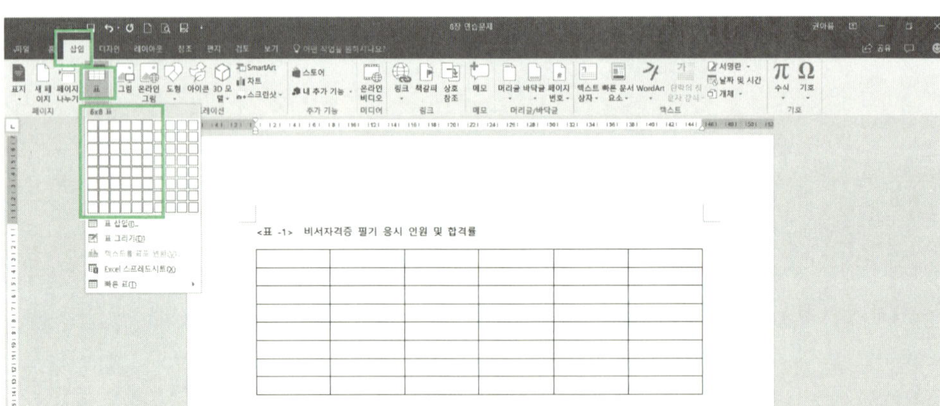

표 삽입 대화상자 이용하기

1 '〈표-1〉 비서자격증 필기 응시 인원 및 합격률' 제목 밑에서 [삽입] 탭-[표] 그룹-[표 삽입]을 누른다.

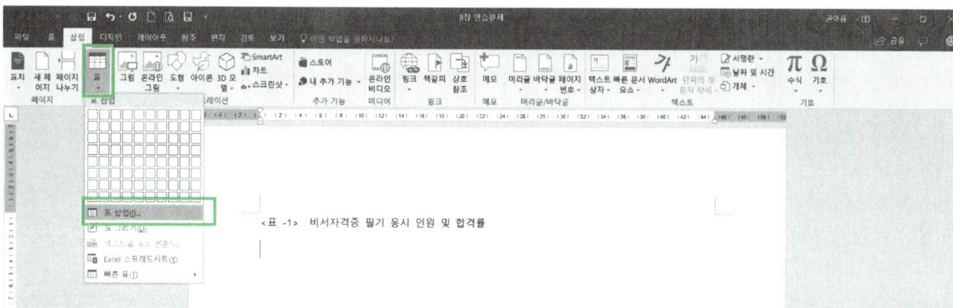

2 '열 개수 : 6, 행 개수 : 8'을 설정한 후 확인을 누른다.

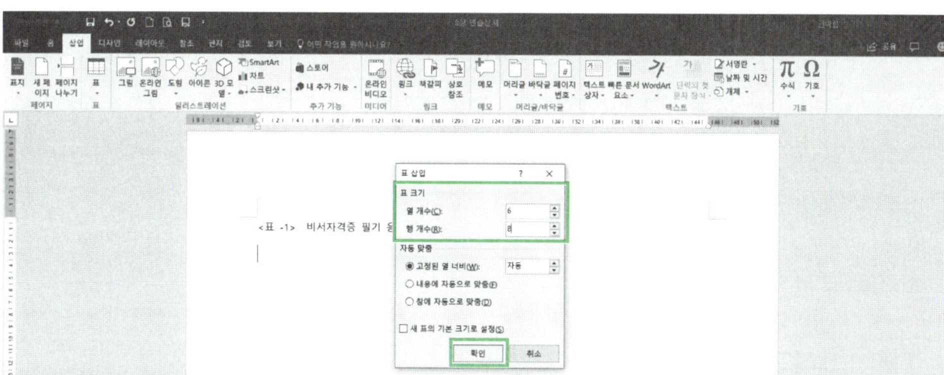

표 직접 그리기

1 '〈표-1〉 비서자격증 필기 응시 인원 및 합격률' 제목 밑에서 [삽입] 탭-[표] 그룹-[표 그리기]를 누른다.

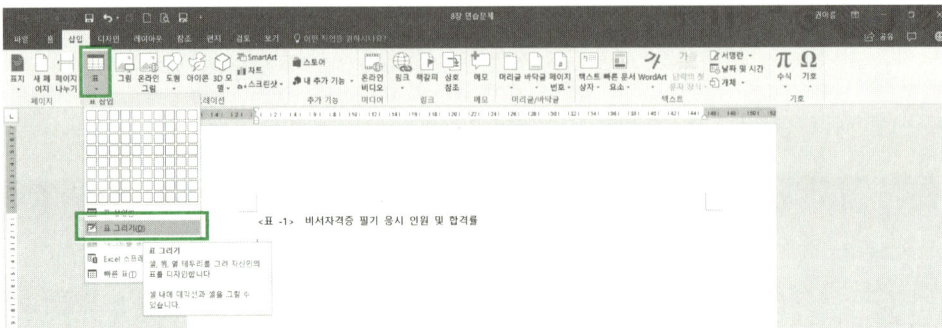

② 원하는 위치에 드래그하여 열 개수 : 6, 행 개수 : 8개를 맞추어 그린다.

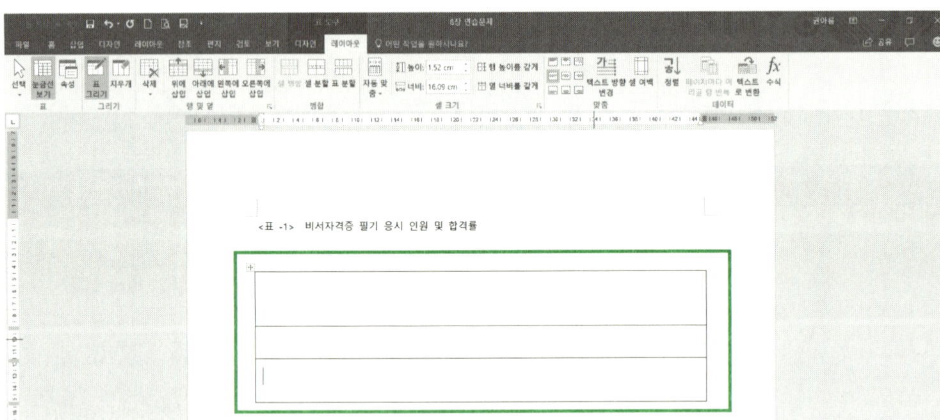

엑셀 스프레드시트 삽입하기

① '〈표–1〉 비서자격증 필기 응시 인원 및 합격률' 제목 밑에서 [삽입] 탭–[표] 그룹–[Excel 스프레드시트]를 클릭한다.

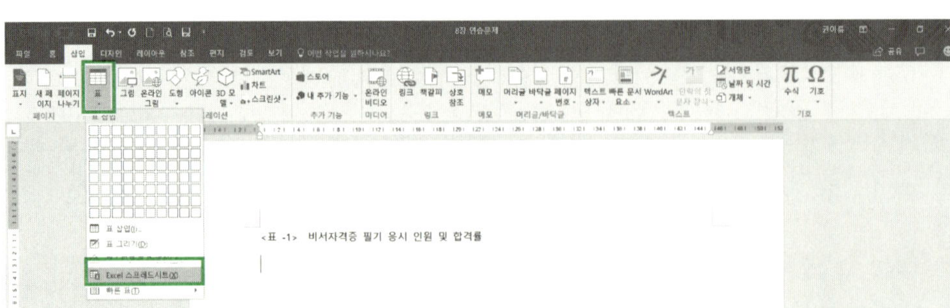

② 선택 시 아래와 같이 엑셀 화면이 나타난다.

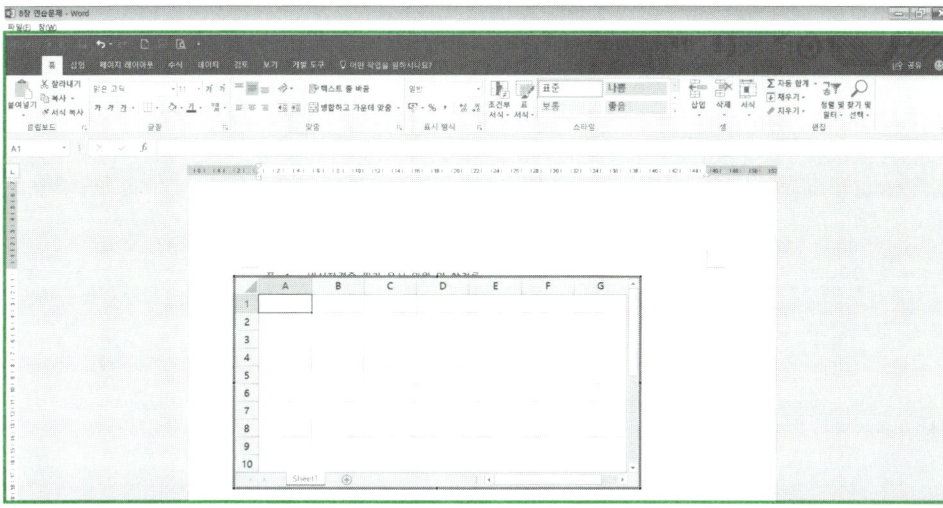

③ 데이터 시트 안에 원하는 데이터를 입력한 후 Esc를 누르면 워드로 돌아온다.

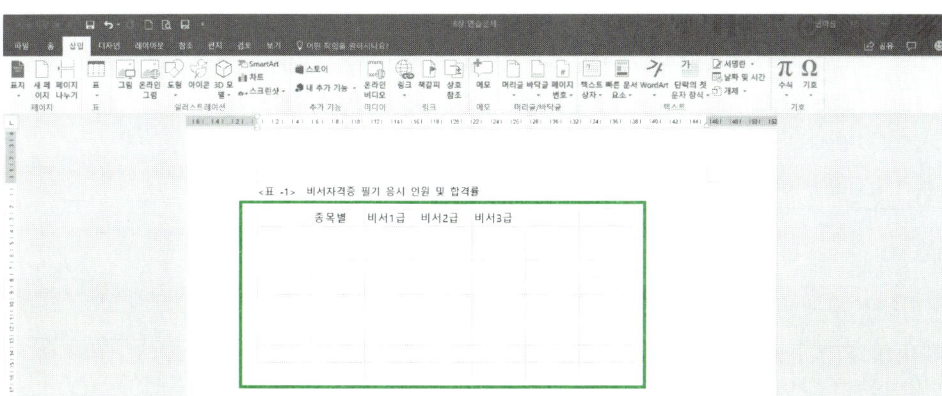

④ 데이터 수정이 필요한 경우, 표를 더블 클릭하면 엑셀의 스프레드시트 형태로 변하며 입력 및 수정이 가능하다.

1) 셀 이동하기

셀 이동방법은 다음과 같다.

다음 셀	Tab
이전 셀	Shift + Tab
자유이동	방향키 →, ←, ↑, ↓

2) 표 스타일 변경하기

① 〈표–1〉의 표를 클릭한 후 [표 도구]–[디자인] 탭–[표 스타일] 그룹의 [자세히] 단추를 클릭한 후 [스타일] 중 '눈금표 3'을 선택한다.

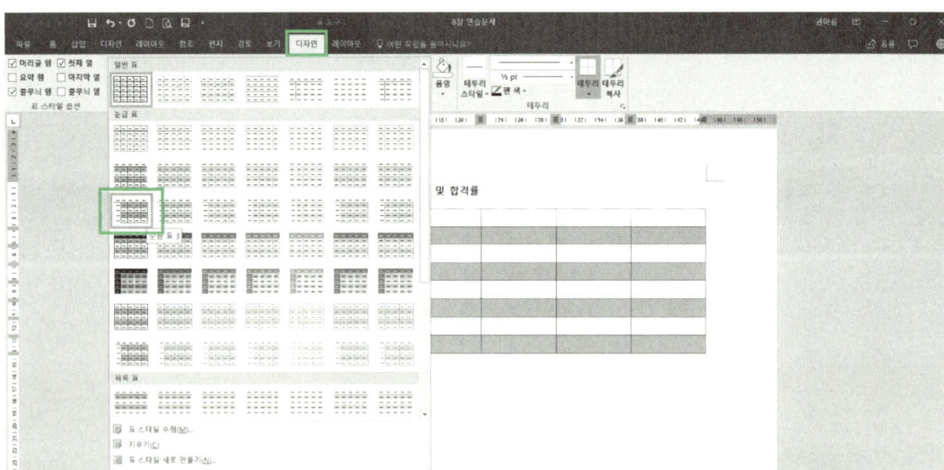

② [표 스타일 옵션] 그룹의 [줄무늬 행]을 체크 해제한다.

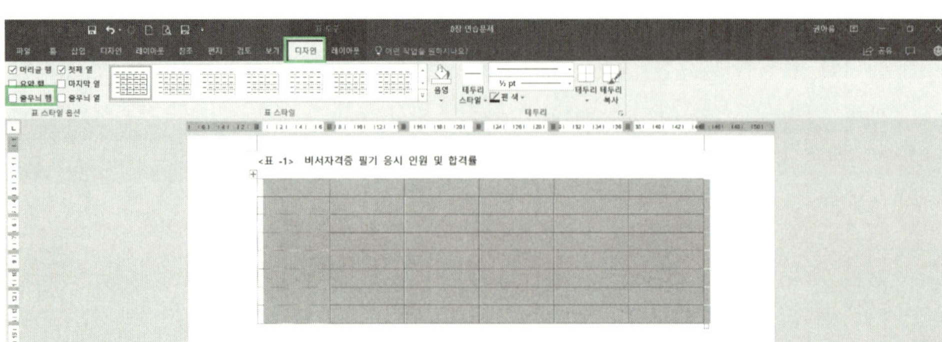

3) 표에 행과 열 추가하기

(1) 표에 열 추가하기

1. 〈표－1〉에서 가장 첫 행, 오른쪽 칸(1행 6열)에 커서를 위치한다.
2. [표 도구]－[레이아웃] 탭－[행 및 열] 그룹－[오른쪽 삽입]을 클릭한다.

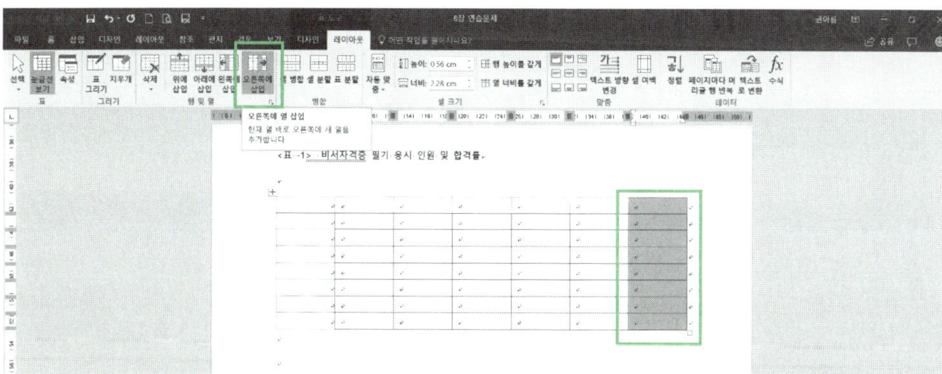

또는 표의 세로선에 커서를 위치하면 아래와 같이 ⊕ 표시가 나타난다. 이를 클릭할 경우 마우스 오른쪽에 열이 추가된다.

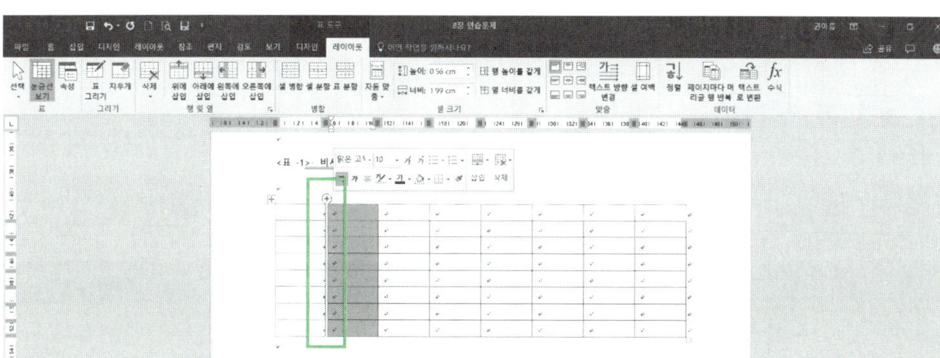

(2) 표에 열 삭제하기

1. 〈표－1〉에서 삭제를 원하는 열을 블록 설정한 후, [표 도구]－[레이아웃] 탭－[그리기] 그룹－[삭제]에서 열 삭제를 클릭한다.

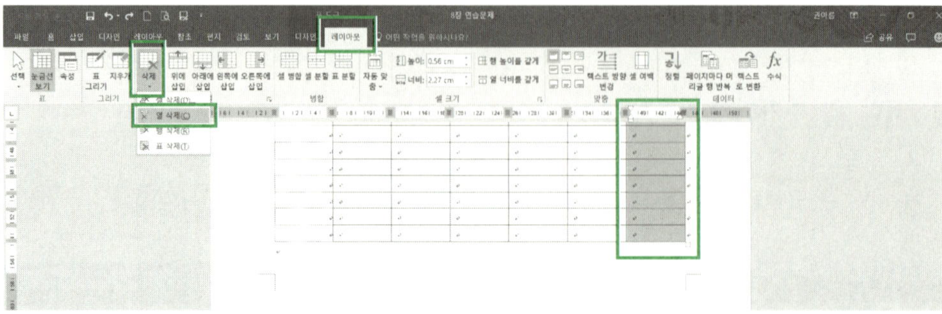

② 아래와 같이 선택된 열이 삭제된다.

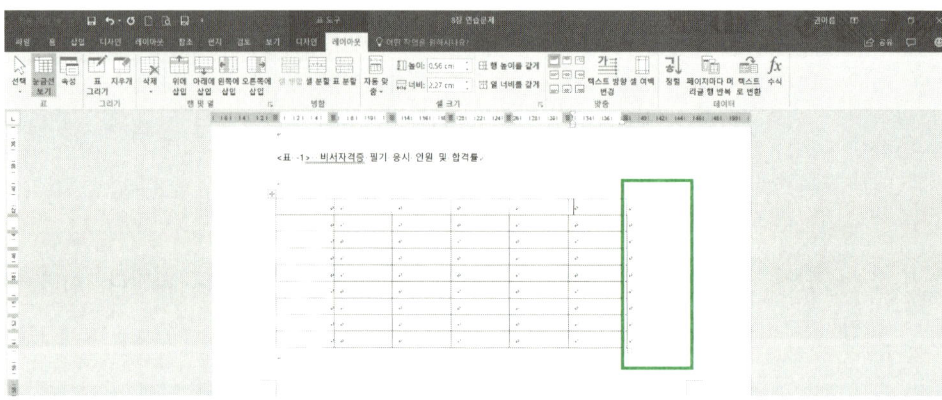

(3) 표에 행 추가하기

① 〈표−1〉의 가장 마지막 행에 커서를 위치한다.

② [표 도구]−[레이아웃] 탭−[행 및 열] 그룹−[아래에 삽입]을 클릭한다.

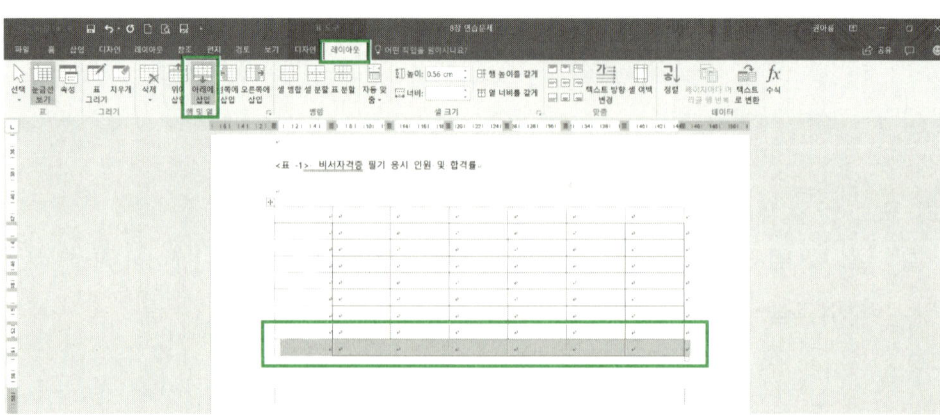

또는 마우스를 표의 가로선에 위치할 경우 ⊕가 나타난다. 이를 클릭하면 가로선 아래에 줄이 추가된다.

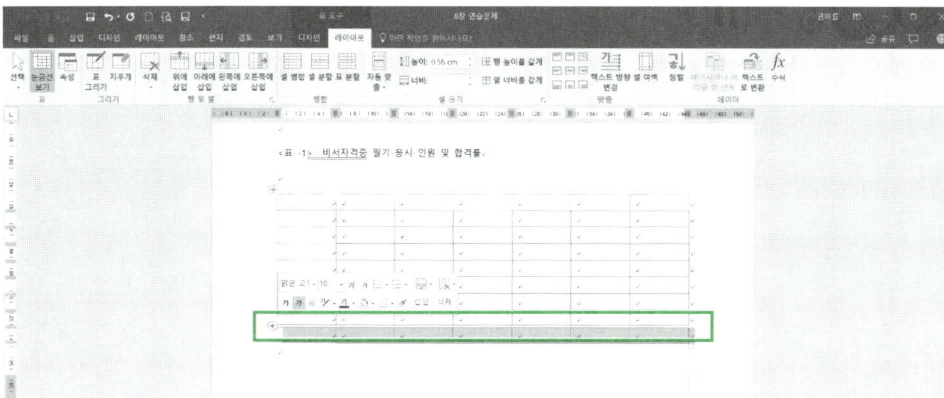

(4) 표에 행 삭제하기

1 〈표−1〉의 삭제하고자 하는 마지막 줄을 블록 설정한다.

2 [표 도구]−[레이아웃] 탭−[그리기] 그룹−[삭제]에서 행 삭제를 클릭한다.

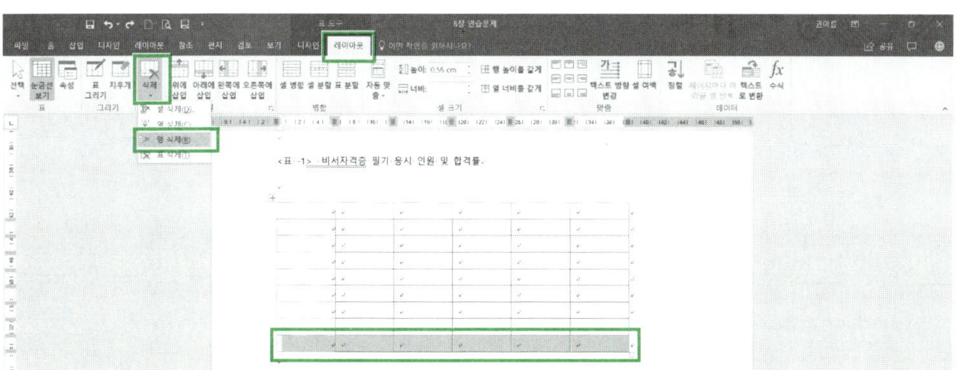

4) 표에 셀 병합하기

1 〈표－1〉의 1행 1열과 1행 2열 셀을 블록 설정한다.

2 [표 도구]－[레이아웃] 탭－[병합] 그룹－[셀 병합]을 클릭한다.

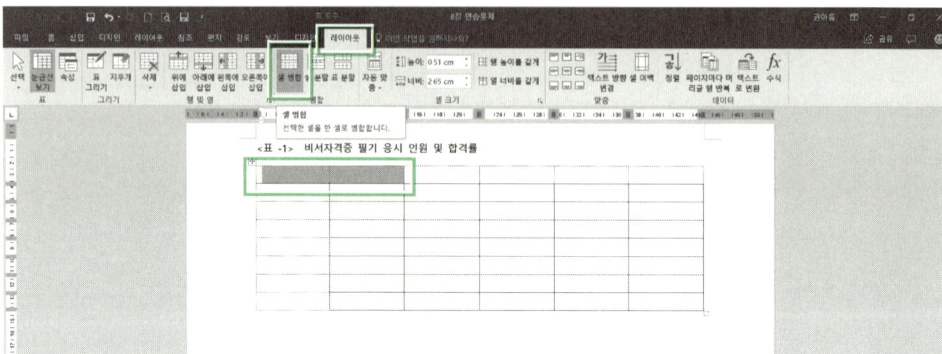

3 아래와 같이 두 개의 셀이 하나로 병합된다.

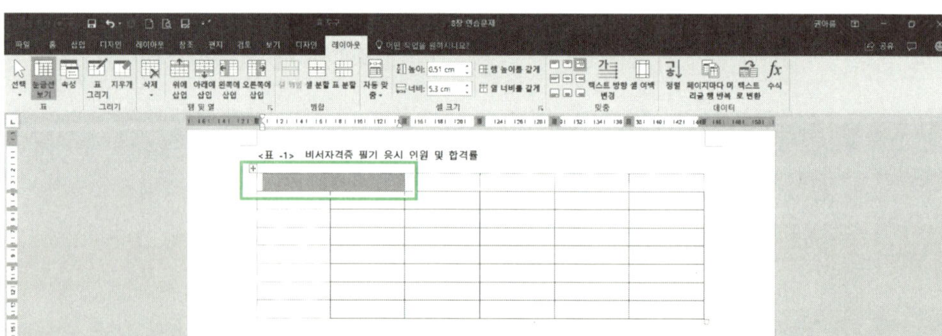

머리글 행 반복하기

- 표의 크기가 한 페이지를 넘을 경우 머리글 행이 반복되어 표시되도록 설정하는 것이다.
- [표 도구]－[레이아웃] 탭－[표] 그룹－[속성]－[표 속성] 대화상자－[행] 탭의 '옵션'에서 [페이지마다 머리글 행 반복]에 체크한다.

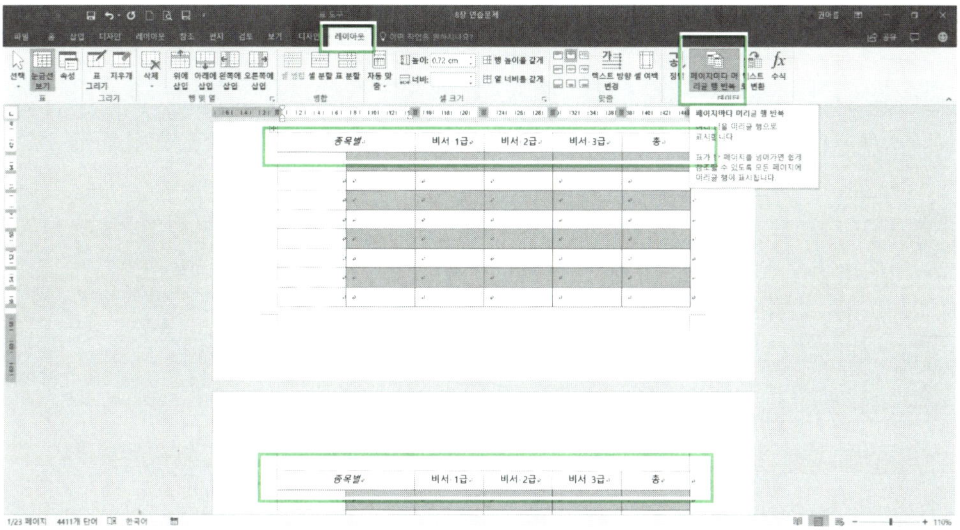

5) 표의 표 분할하기

1 〈표−2〉에서 6행 1열의 '2013' 데이터에 커서를 위치한다.

2 [표 도구]−[레이아웃] 탭−[병합] 그룹−[표 분할]을 클릭한다.

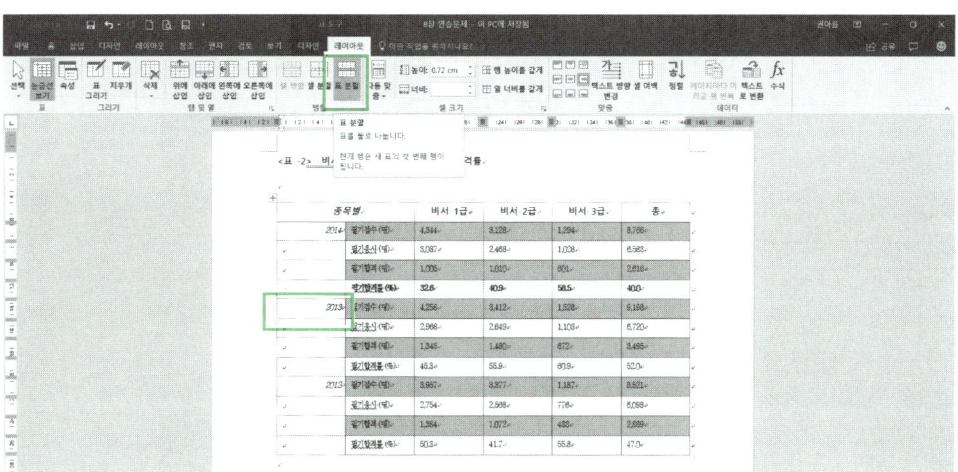

③ [표 분할]을 할 경우, 선택한 셀을 중심으로 표가 분리된다.

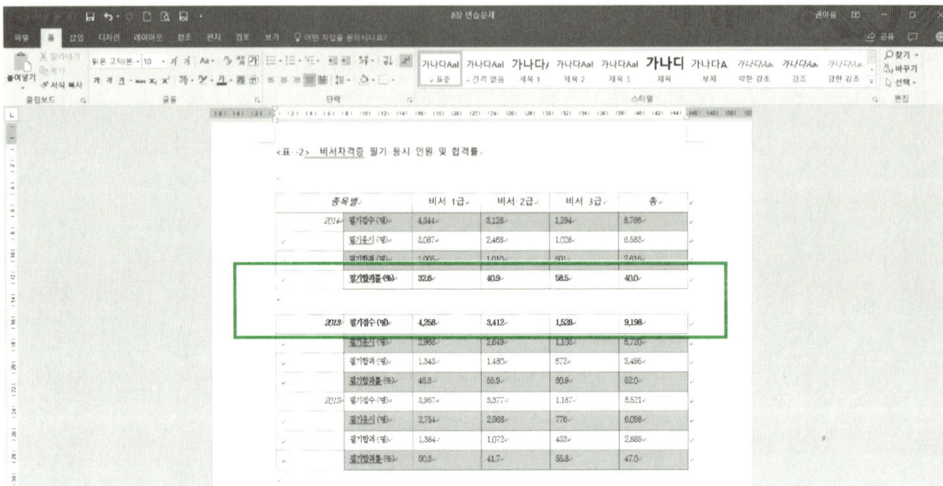

6) 표의 셀 너비, 높이 조절하기

① 〈표–2〉의 셀 중 2014부터 오른쪽 마지막 셀까지 모두 블록을 설정한다.

② [표 도구]–[레이아웃] 탭–[셀 크기] 그룹–[행 높이를 같게]를 선택하여 클릭한다.

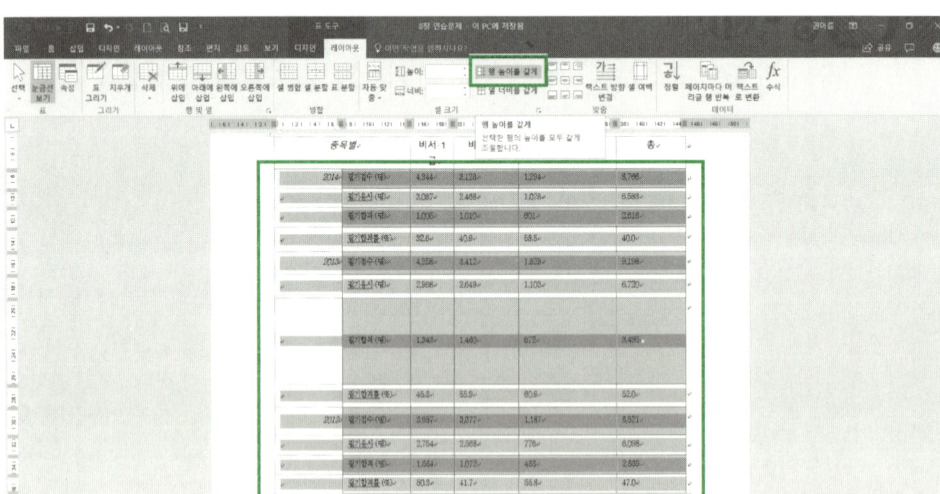

③ 이번에는 비서 1급 셀부터 오른쪽 마지막 셀까지 블록을 설정한다.

④ [표 도구]–[레이아웃] 탭–[셀 크기] 그룹–[열 너비를 같게]를 선택하여 클릭한다.

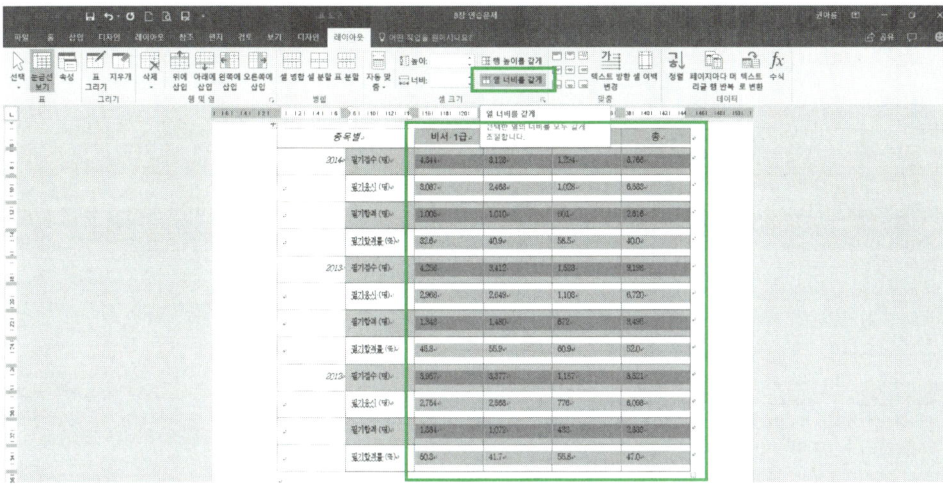

7) 표의 대각선 지정하기

① 〈표–2〉의 첫 번째 칸에 종목별, 응시연도를 기재한다.

② [디자인]–[테두리] 그룹에서 7번째 테두리 모양을 클릭한다. 색상은 검정색으로 선택한다.

③ [디자인]–[테두리] 그룹–[테두리]에서 [하향 대각선 테두리]를 선택하여 클릭한다.

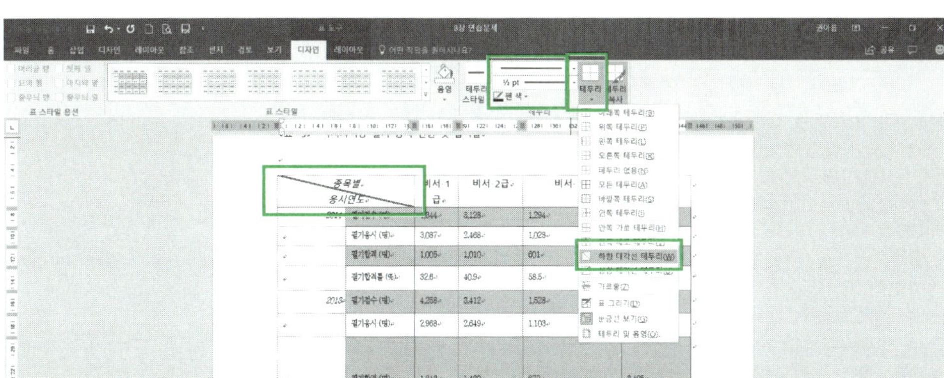

8) 표의 테두리 지정하기

1. 표의 테두리를 지정할 때는 테두리의 색(펜 색), 두께(펜 두께)를 먼저 지정한 후 적용할 테두리의 위치를 지정해야 한다.
2. [표 도구]–[디자인] 탭–[테두리] 그룹–[테두리]–[테두리 및 음영]을 클릭하면 '선 색', '선 두께' 등의 다양한 테두리 옵션을 지정할 수 있다.

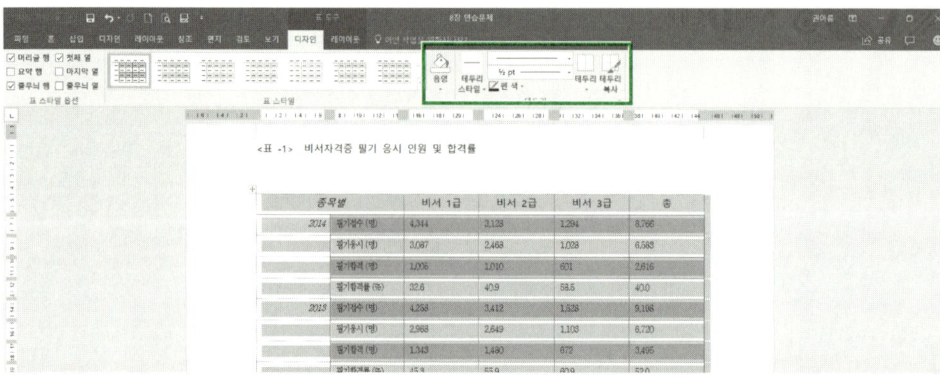

3. 〈표–2〉 전체를 드래그하여 블록 설정한다.
4. [표 도구]–[디자인] 탭–[테두리] 그룹–[테두리]–[테두리 및 음영]에서 [단일 실선] 선택, 두께는 '$2\frac{1}{4}$'로 설정, 펜 색은 '파랑, 강조 1, 40% 더 밝게'로 선택한다.

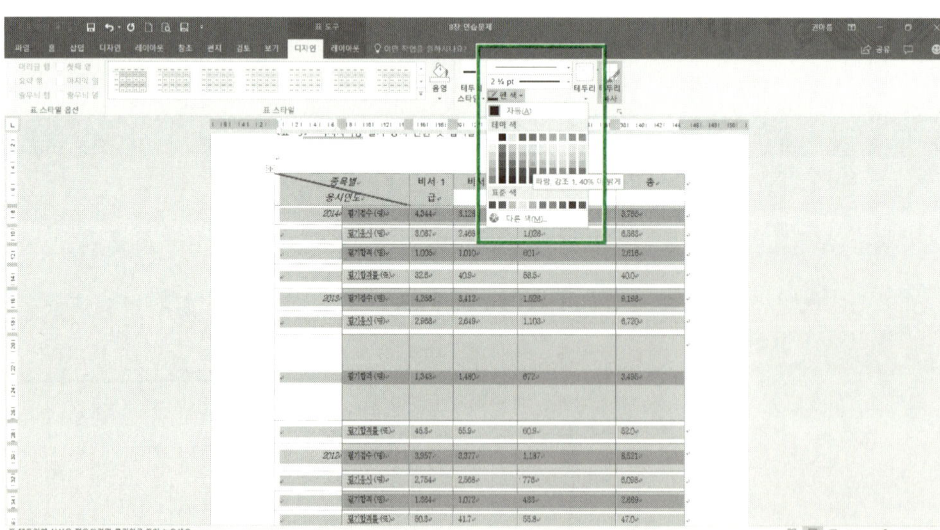

⑤ [표 도구]−[디자인] 탭−[테두리] 그룹−[테두리]−[바깥쪽 테두리]를 선택하면 표 테두리가 완성된다.

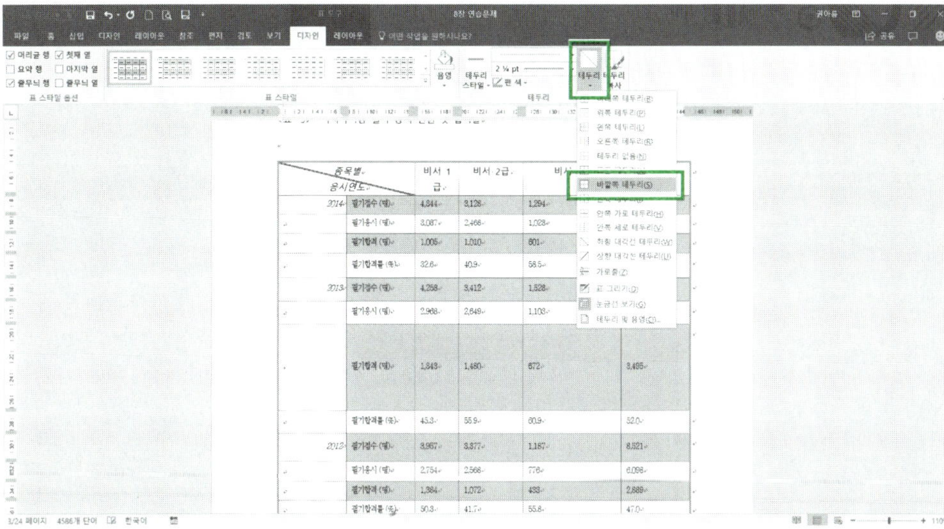

9) 표의 텍스트 맞춤 정리하기

① 〈표−2〉의 '2014 필기접수(명)~2012 필기합격률(%)'을 블록 설정한다.

② [표 도구]−[레이아웃] 탭−[맞춤] 그룹−[정가운데]를 클릭한다.

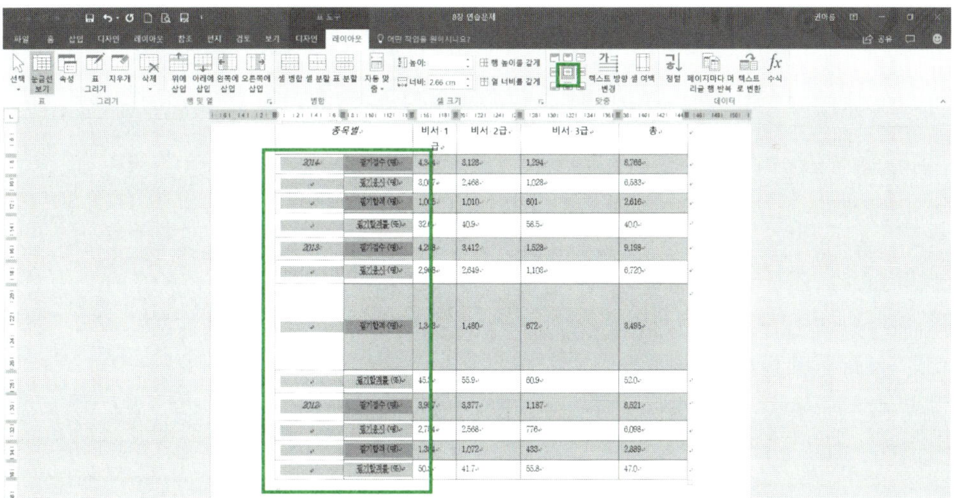

10) 텍스트를 표로 변환하기

① 표로 변환할 텍스트 내용 〈표-3〉을 블록 설정한다.

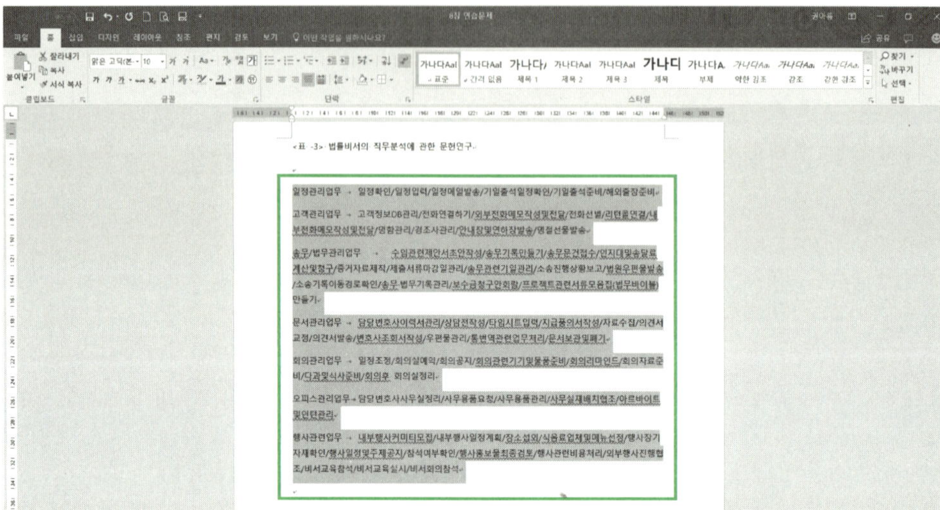

② [삽입] 탭-[표] 그룹-[표]를 클릭한 후 [텍스트를 표로 변환]을 선택한다.

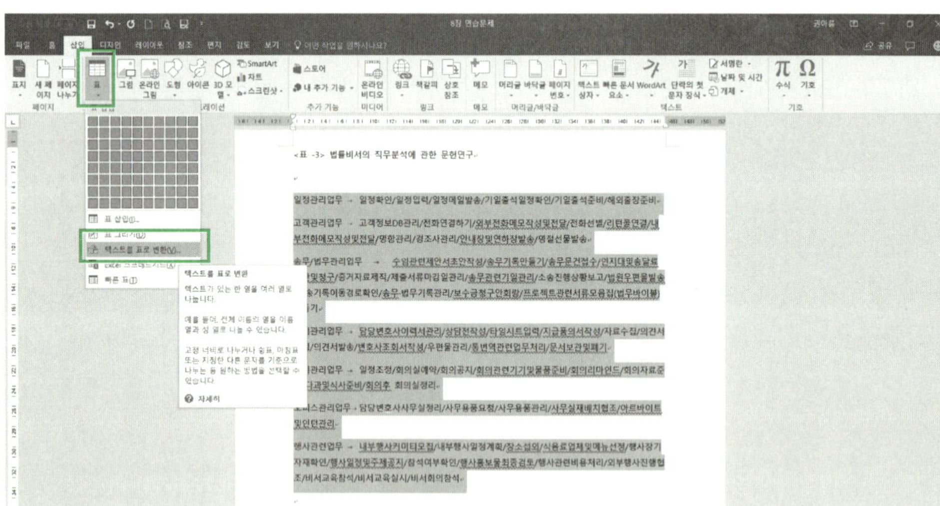

③ 열 개수 : 2로 설정, 창에 자동으로 맞춤 선택, 텍스트 구분 기호는 탭으로 선택한 후 확인을 클릭한다.

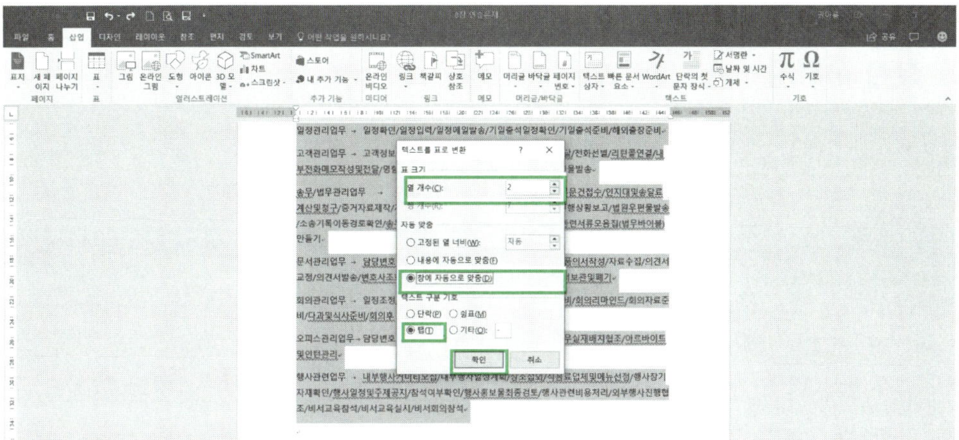

④ 탭을 기준으로 열 구분이 설정되며, 아래와 같이 표 안에 텍스트 내용이 입력된다.

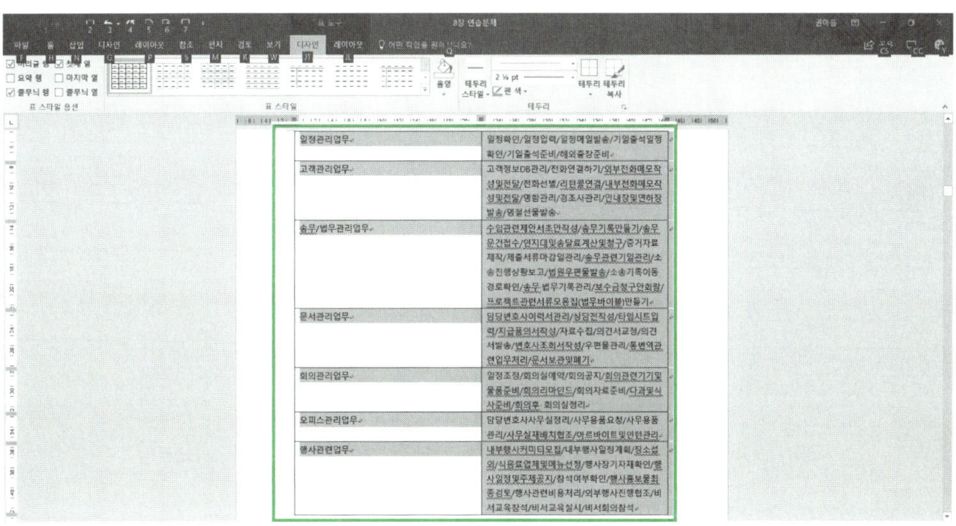

2 수식 작성하기

1) 합계 구하기

워드에 삽입한 표에서도 엑셀처럼 간단한 수식 기능을 사용할 수 있다.

1 '〈표–4〉 비서자격증 필기 응시 인원 및 합격률'의 표에서 2행 6열의 2014년 필기접수 총합의 빈칸에 커서를 위치한다.

2 [표 도구]–[레이아웃] 탭–[데이터] 그룹–[수식]을 클릭한다.

3 수식의 빈 칸에 =SUM(LEFT)를 입력하면 왼쪽에 있는 숫자 데이터의 합계를 구할 수 있다.

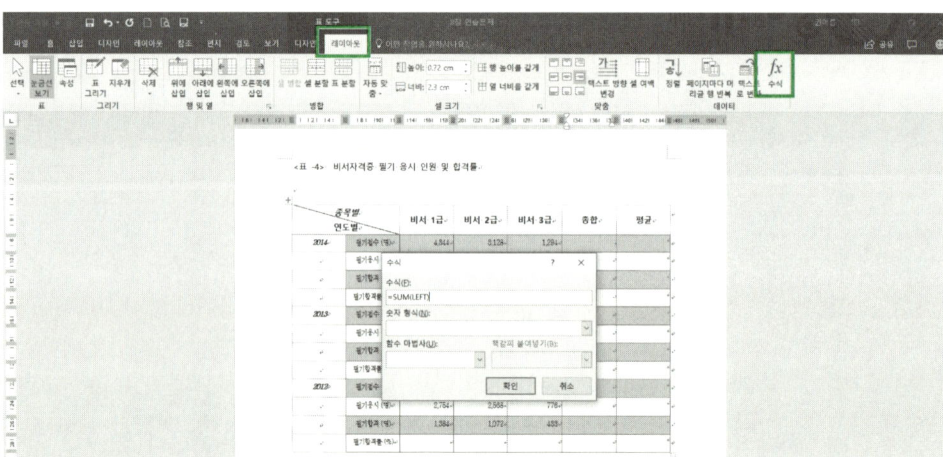

또는 엑셀의 셀과 동일하게 가로를 A, B, C, …로 정의하고, 세로를 1, 2, 3, …으로 정의하여 =SUM(C2:E2)로 수식을 입력해도 총합을 구할 수 있다.

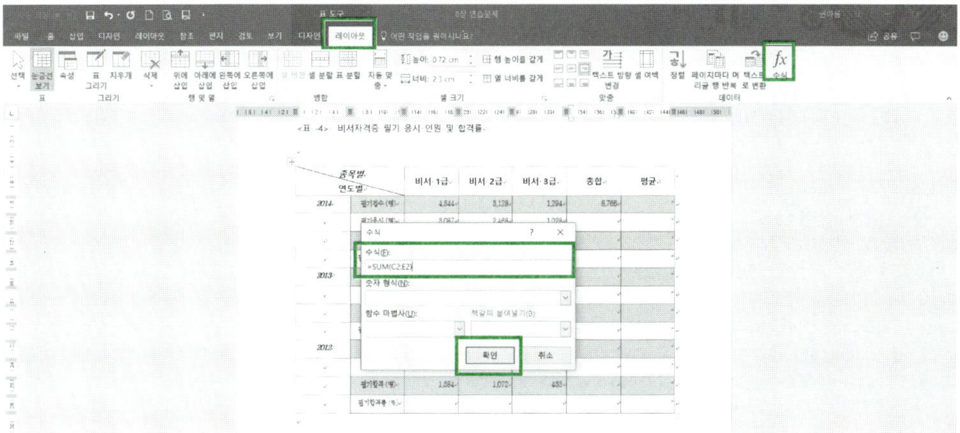

2) 평균 구하기

1 '〈표-4〉 비서자격증 필기 응시 인원 및 합격률'의 표에서 2행 7열의 2014년 필기접수 평균의 빈칸에 커서를 위치한다.

2 [표 도구]-[레이아웃] 탭-[데이터] 그룹-[수식]을 클릭한다.

3 수식에서 SUM을 지우고 함수 마법사를 이용하여 =AVERAGE(C2:E2)를 입력한 후 확인을 누른다.

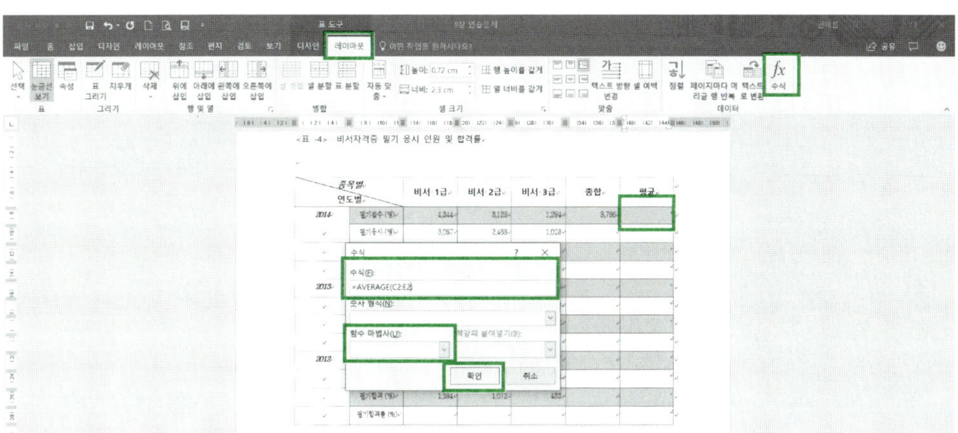

3) 사칙연산을 이용하여 합격률 구하기

① '〈표－4〉 비서자격증 필기 응시 인원 및 합격률'의 표에서 5행 3열의 2014년 필기합격률(%)의 빈칸에 커서를 위치한다.

② [표 도구]－[레이아웃] 탭－[데이터] 그룹－[수식]을 클릭한다.

③ 필기합격률은 필기합격자수/필기응시자수*100의 방법으로 구한다.

④ 수식에서 SUM을 지우고 함수 마법사를 이용하여 =C4/C3*100을 입력한 후 확인을 누른다.

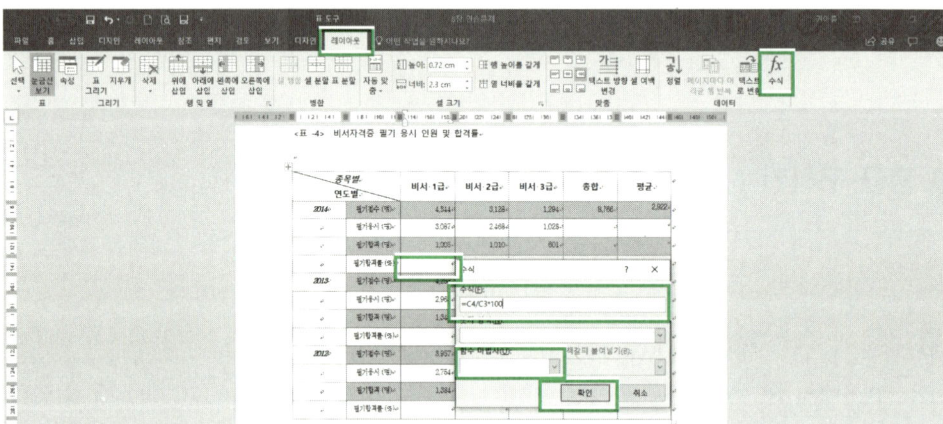

3 캡션 넣기

1) 캡션 삽입

① 연습문제 P2의 '〈표－1〉 비서자격증 필기 응시 인원 및 합격률'의 표를 선택한 후, [참조] 탭－[캡션] 그룹－[캡션 삽입]을 클릭한다.

② 캡션 제목을 '비서자격증 필기 응시 인원 및 합격률'로 입력 후 캡션 삽입의 위치 변경을 원할 경우, 옵션의 위치를 선택한 항목 위로 선택한 후 확인을 누른다.

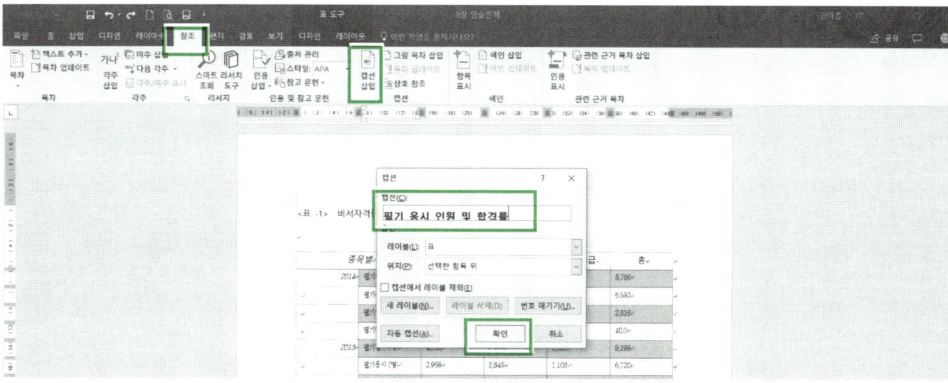

③ 확인을 누르면 선택한 위치에 아래와 같이 캡션이 삽입된다.

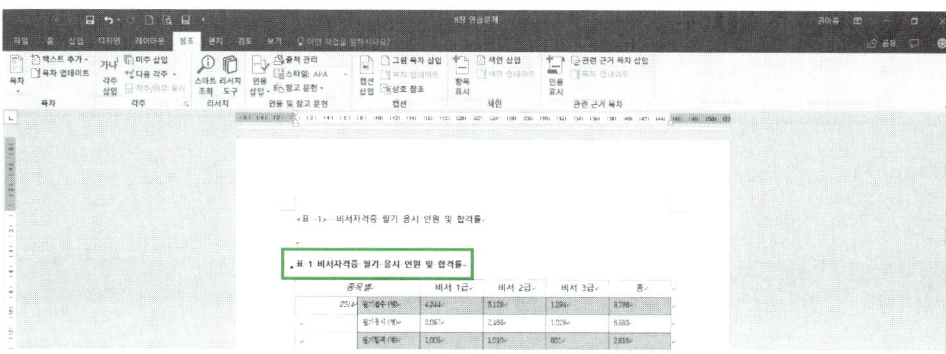

④ 표 2, 표 3, 표 4 등에 대해서도 동일하게 캡션 삽입을 실행한다.

⑤ 하나의 문서에서 여러 개의 표에 캡션을 삽입할 경우 순서대로 표 1, 표 2, …로 정리된다.

2) 캡션 목차 삽입

① 먼저 위의 예시와 같이 표 1~표 4에 캡션을 모두 삽입한다.

② 캡션 목차 삽입 아래에 커서를 위치한 후, [참조] 탭－[캡션] 그룹－[그림 목차 삽입]을 클릭한다.

③ [그림 목차] 탭－[일반]－[캡션 레이블]을 표로 설정한 후 확인을 누른다.

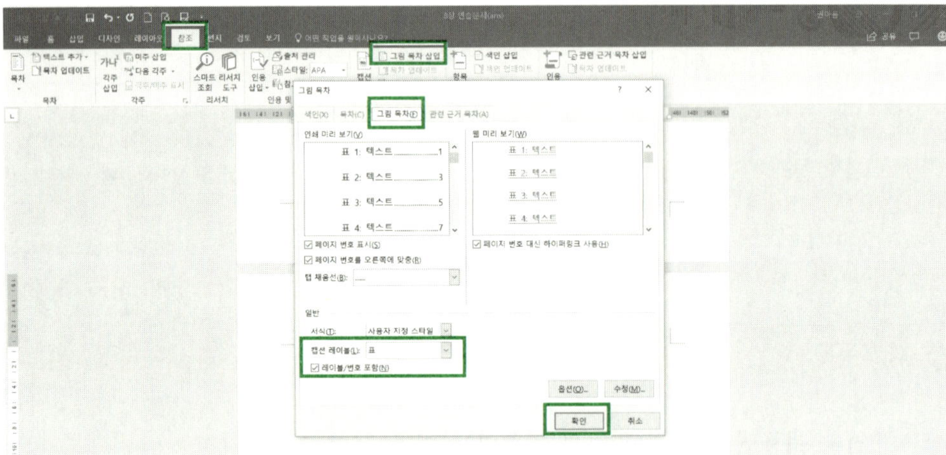

④ 아래와 같이 캡션을 삽입한 표 번호, 표 제목, 페이지 번호가 목차의 형태로 정리된다.

⑤ 페이지 번호가 변경되거나 캡션의 번호, 제목 등이 변경될 경우, [참조] 탭–[캡션] 그룹–[목차 업데이트]–'목차 전체 업데이트'를 선택한 후 확인을 클릭한다.

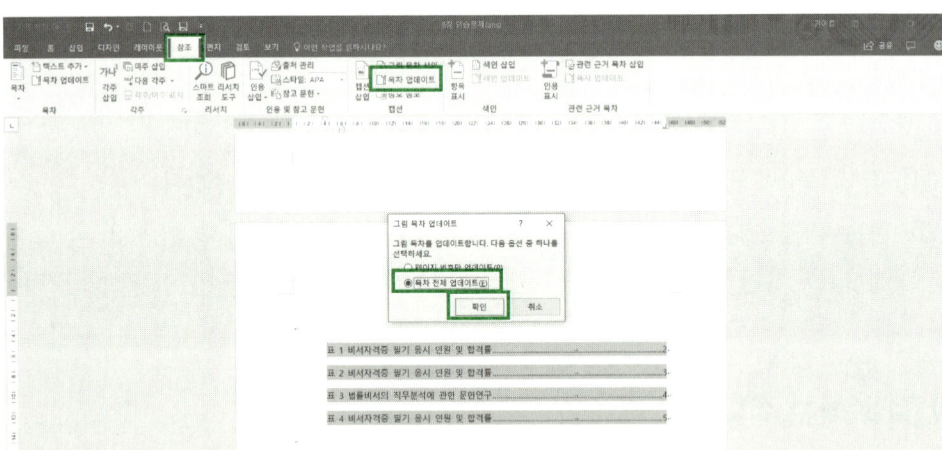

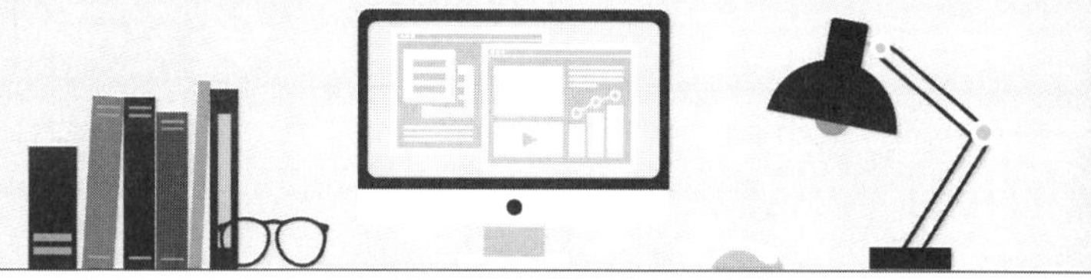

Chapter

09

차트 작성하기

1. 차트 만들기
2. 차트 종류 변경하기

09 차트 작성하기

Chapter

[연습시트 : 9장 연습문제]

1 차트 만들기

1) 꺾은선형 차트 작성하기

① 차트를 삽입할 곳에 커서를 위치한다.

② [삽입] 탭–[일러스트레이션] 그룹–[차트]를 클릭한 후, '꺾은선형'의 첫 번째 그래프를 클릭하고 확인을 누른다.

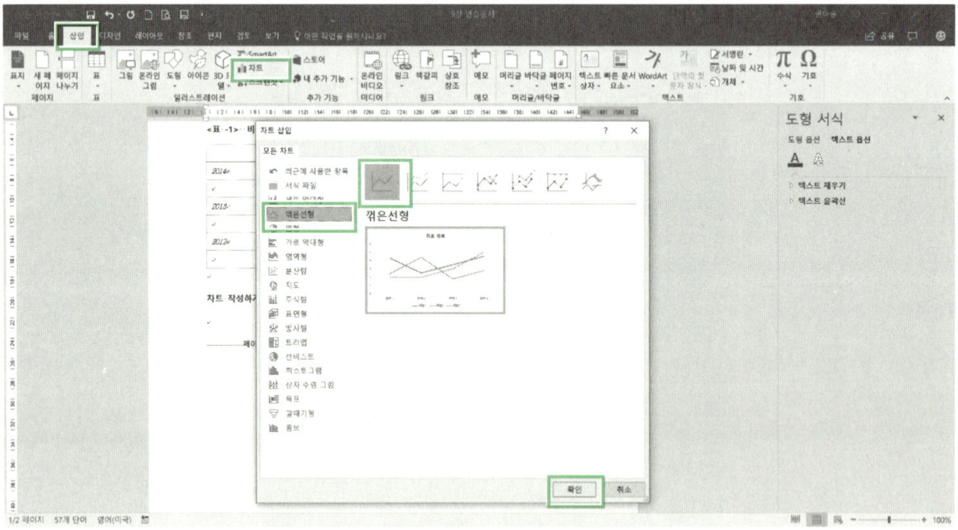

③ 엑셀 데이터 창이 나타나면, 워드 상단의 2012~2014년의 필기 합격률 데이터를 드래그하여 붙여넣기한 후 ☒를 누른다.

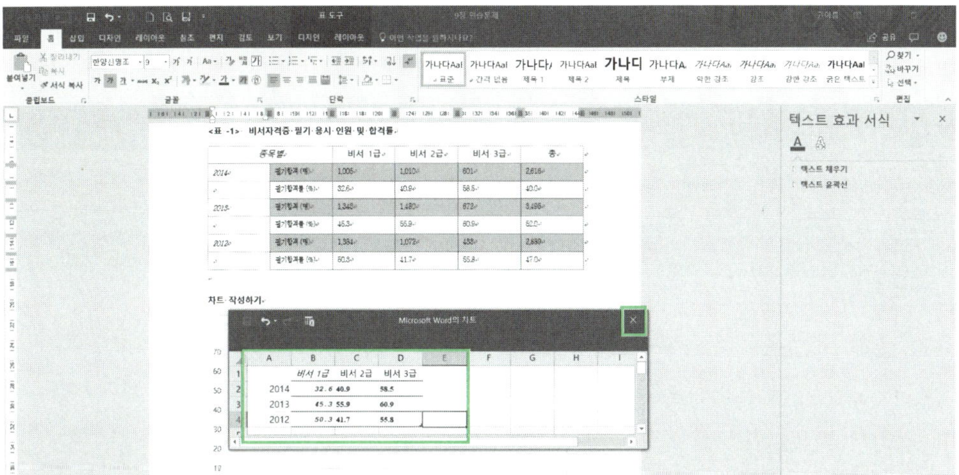

④ 차트 제목을 더블 클릭하여 '비서자격증 필기 응시 합격률'로 수정한다.

⑤ 차트 전체를 선택한 후, 오른쪽 상단에 '차트 요소'를 클릭하여 데이터 레이블-가운데 맞춤을 체크하면, 그래프 상단에 데이터 값이 나타난다.

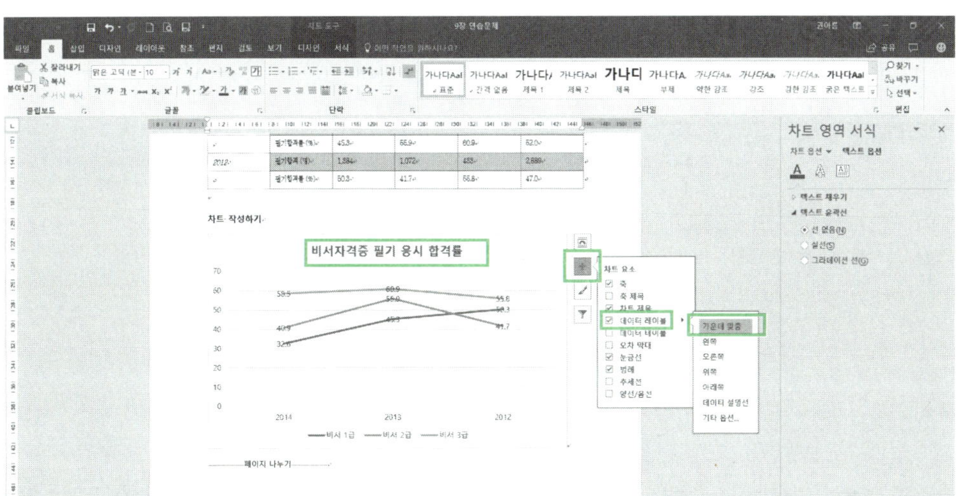

2) 세로막대형 차트 작성하기

1 차트를 삽입할 곳에 커서를 위치한다.

2 [삽입] 탭–[일러스트레이션] 그룹–[차트]를 클릭한 후, '세로 막대형'의 첫 번째 '묶은 세로 막대형' 그래프를 클릭하고 확인을 누른다.

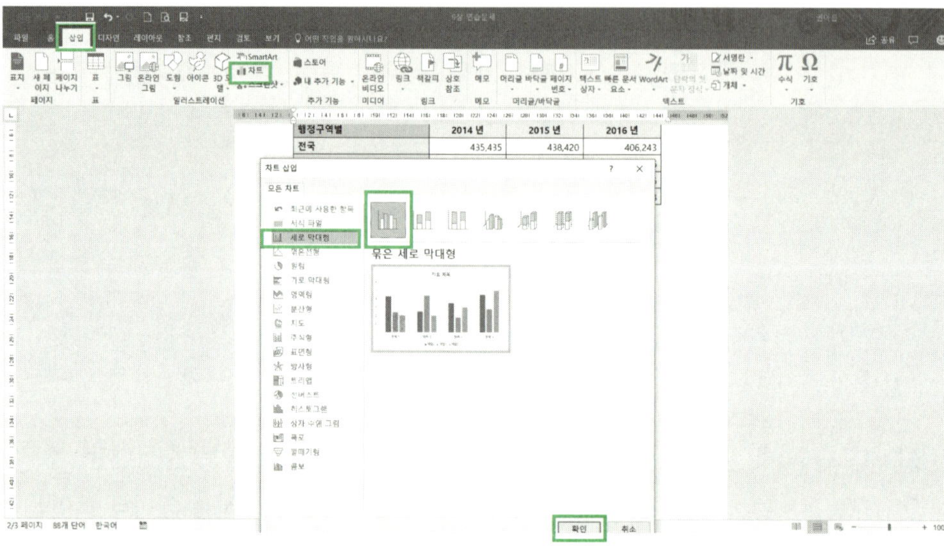

3 엑셀 데이터 창이 나타나면, 워드 상단의 2014~2016년의 행정구역별 신생아수 데이터를 드래그하여 붙여넣기한 후, ×를 눌러 엑셀 창을 닫는다.

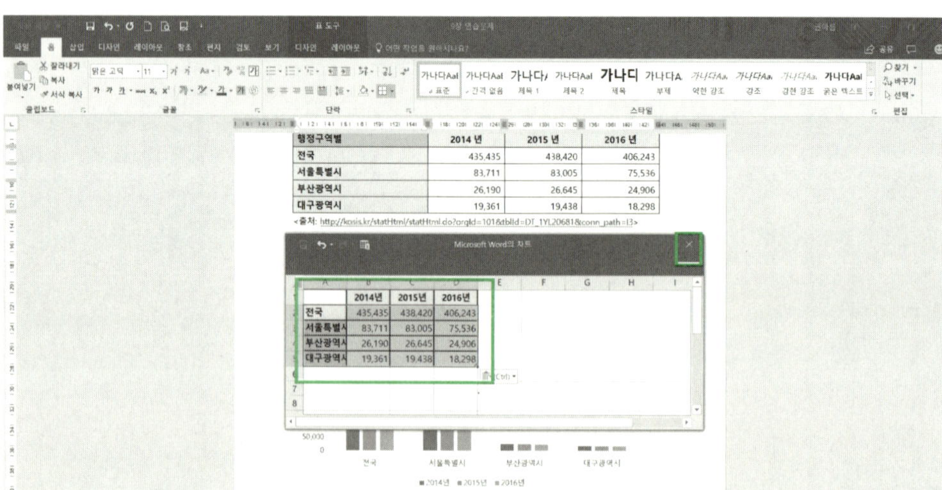

④ 차트 제목을 더블 클릭하여 '행정구역별 2014~2016년 신생아수'로 수정한다.

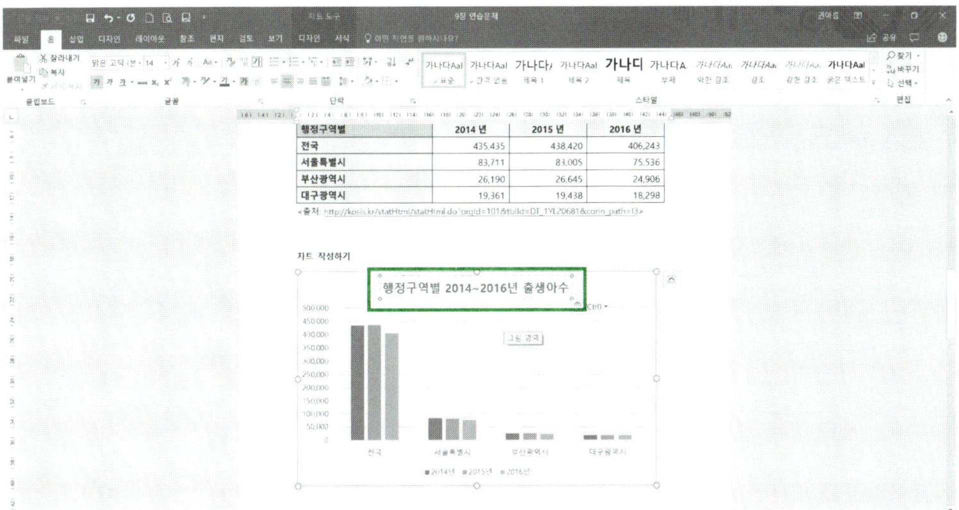

⑤ 차트 전체를 선택한 후, 오른쪽 상단에 '차트 요소'를 클릭하여 '축 제목'–'기본 세로'만 체크하면, 그래프의 Y축에 축 제목이 나타난다. 축 제목을 더블 클릭하여 '출생아수'로 수정한다.

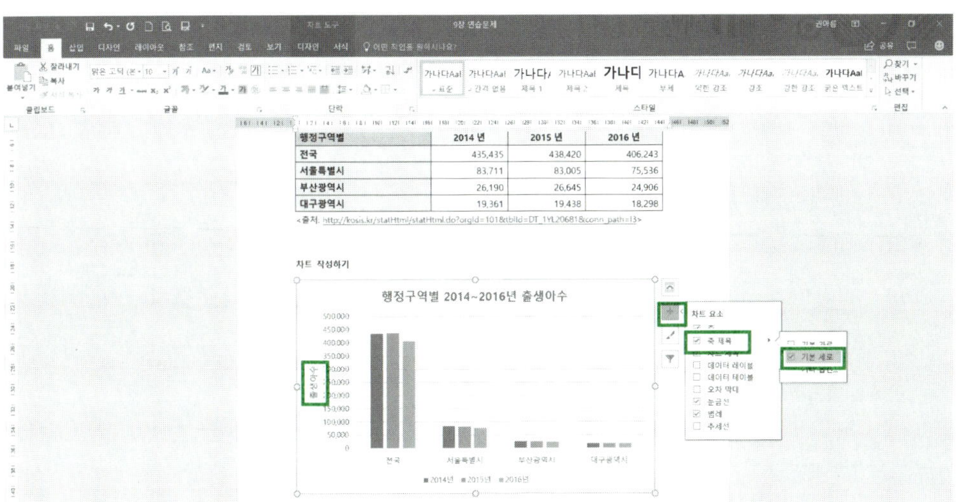

⑥ 데이터 중 전국 데이터를 삭제하여, 서울광역시, 부산광역시, 대구광역시의 데이터로만 차트를 작성해 보자. 차트를 선택한 후, [차트 도구]–[디자인] 탭–[데이터] 그룹–[데이터 편집]–'데이터 편집'을 클릭한다.

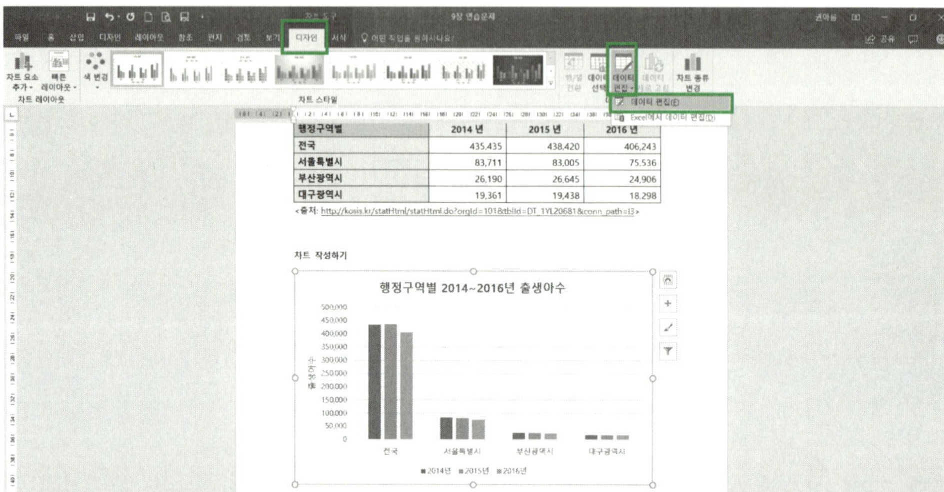

⑦ 전국에 해당하는 행을 마우스 오른쪽 버튼–삭제를 누른 후 엑셀 창을 닫는다.

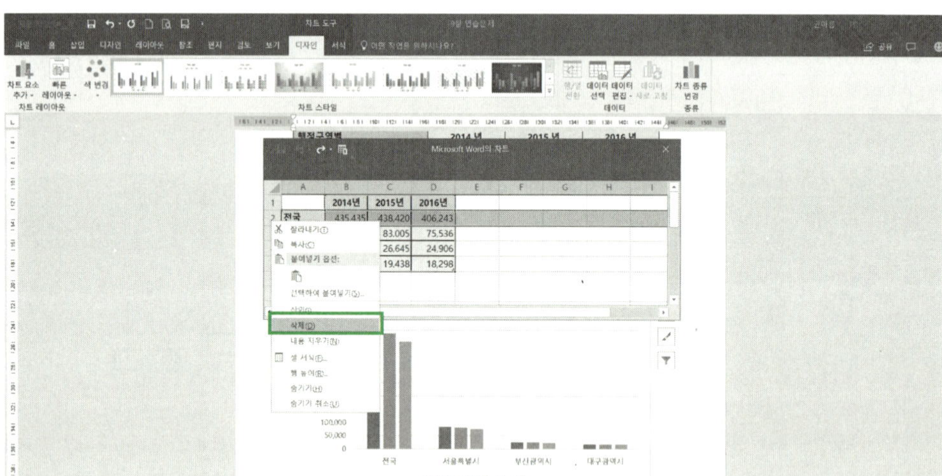

⑧ 전국의 출생아수 데이터는 삭제되고, 서울특별시/부산광역시/대구광역시의 데이터로만 차트 구성이 완성된다.

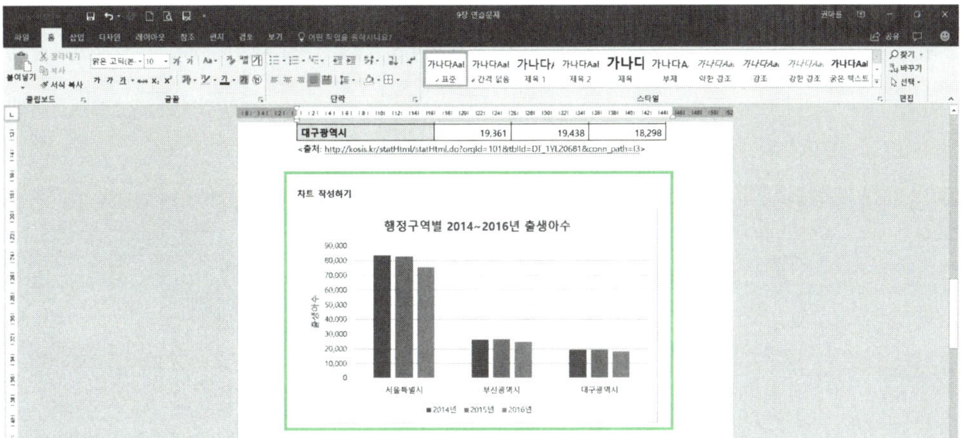

3) 원형 차트 작성하기

① 차트를 삽입할 곳에 커서를 위치한다.

② [삽입] 탭–[일러스트레이션] 그룹–[차트]를 클릭한 후, '원형'의 첫 번째 '원형' 그래프를 클릭하고 확인을 누른다.

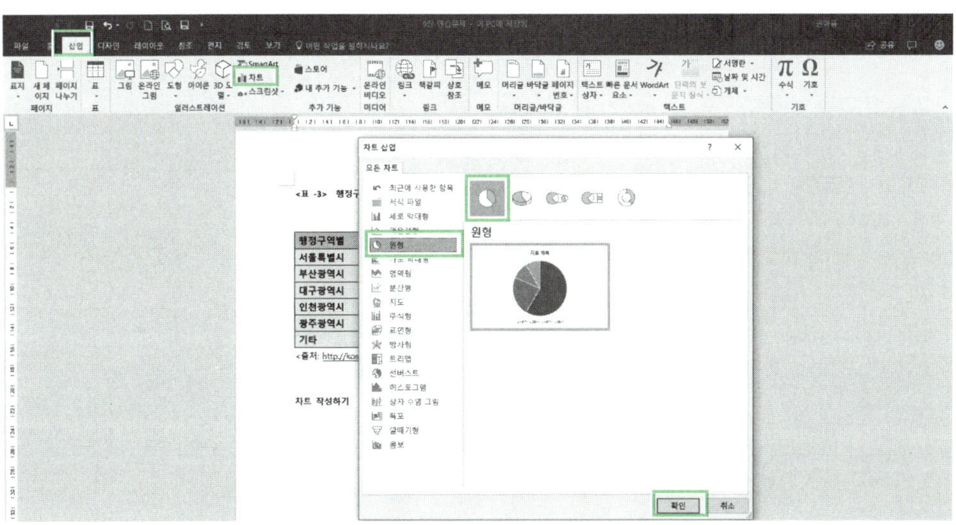

③ 엑셀 데이터 창이 나타나면, 워드 상단의 2016년의 행정구역별 신생아수 데이터를 드래그하여 붙여넣기한 후, ✕를 눌러 엑셀 창을 닫는다.

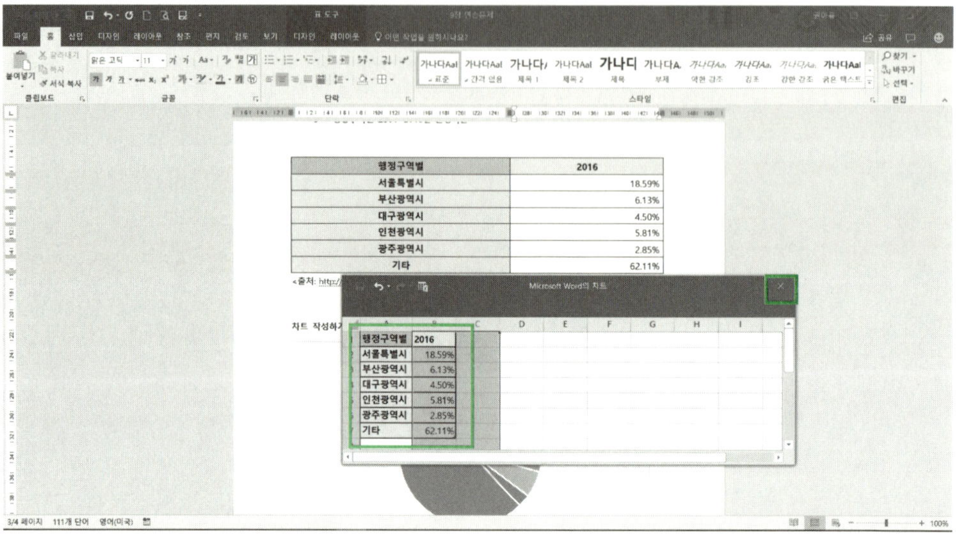

④ 차트 제목을 더블 클릭하여 '행정구역별 2016년 출생비율'로 수정한다.

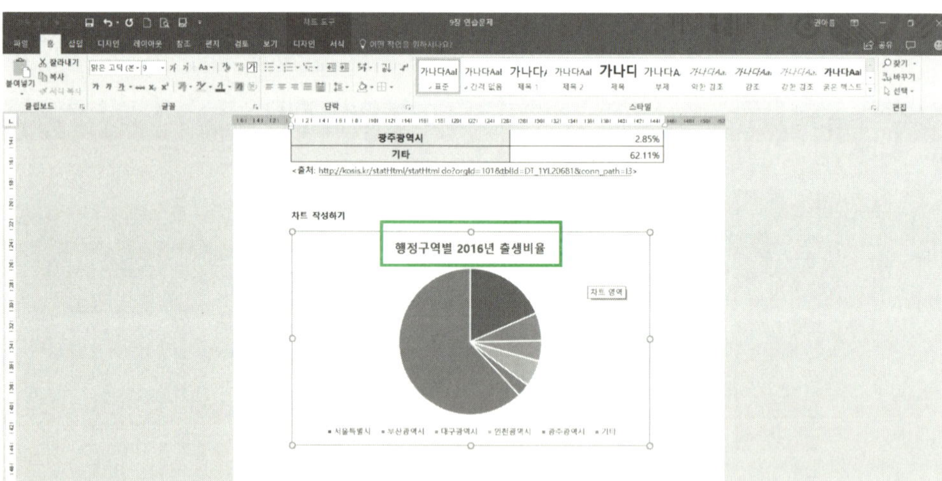

⑤ 차트 전체를 선택한 후, 오른쪽 상단에 [차트 도구]–[디자인] 탭–[차트 레이아웃] 그룹–[차트 요소 추가]를 클릭하여 '데이터 레이블'–'바깥쪽 끝에'를 체크한다. 또는 데이터를 클릭하여 오른쪽 '차트 요소'에서 데이터 레이블을 체크해도 무방하다.

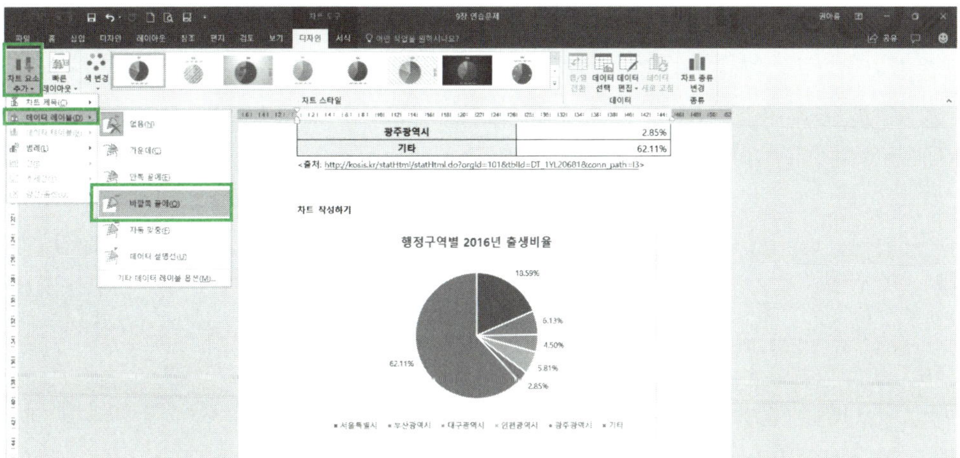

⑥ '차트 요소'에서 범례를 클릭하여 '오른쪽'으로 선택하면 차트 오른쪽에 범례가 생성된다.

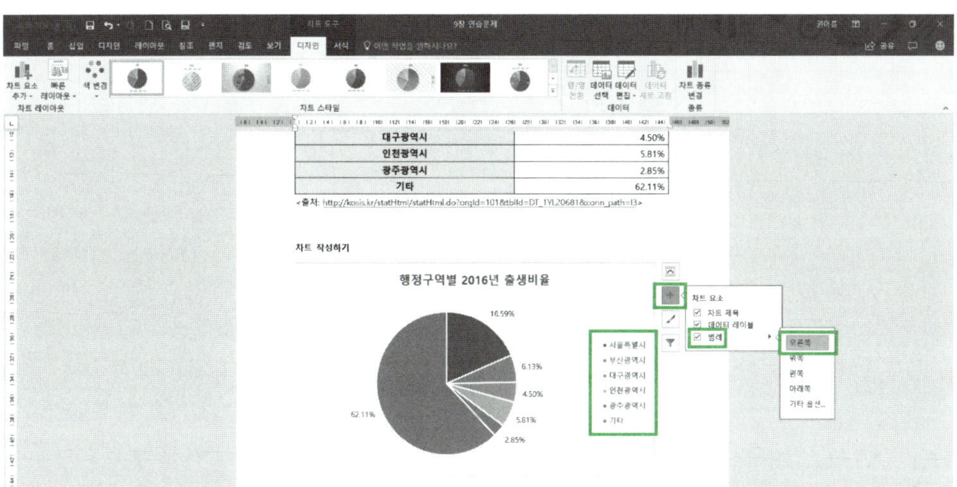

⑦ 원형 차트에서 '서울' 요소만 더블 클릭하여, 오른쪽에 '데이터 요소 서식'–'채우기: 단색 채우기'–'색: 빨강'을 선택한다.

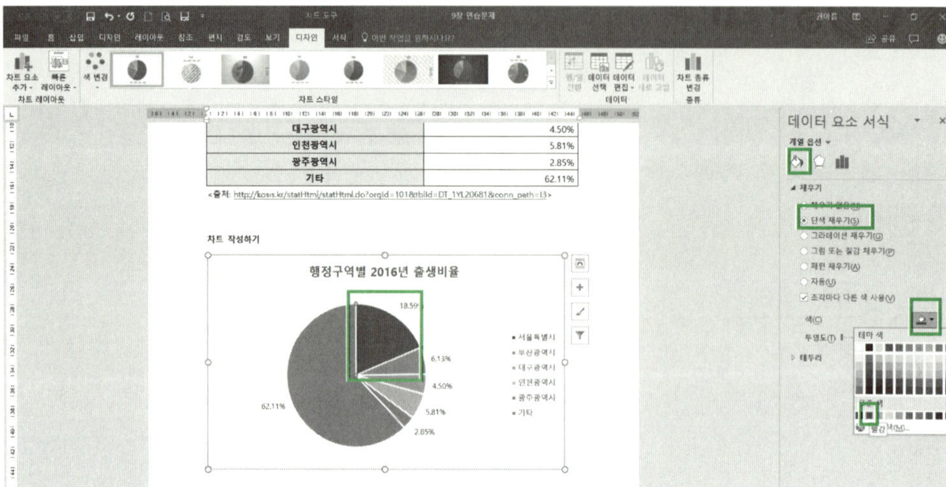

⑧ 빨강색의 '서울' 요소를 2시 방향으로 드래그 앤 드롭(Drag & Drop)하면, 서울의 출생비율 요소만 분리가 된다. 이는 특정한 데이터를 강조 시에 주로 사용된다.

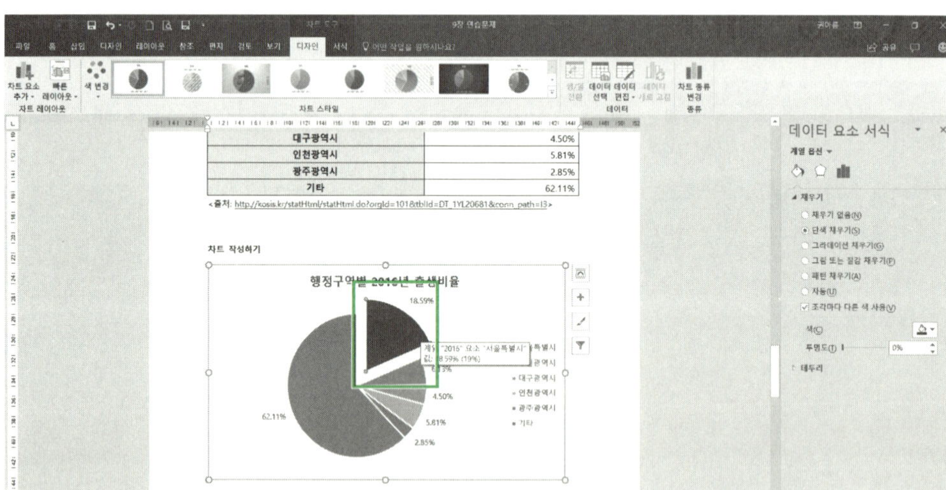

2 차트 종류 변경하기

① 차트 1을 선택한 후, [차트 도구]-[디자인] 탭-[종류] 그룹-[차트 종류 변경]을 선택하여, '가로 막대형'의 첫 번째 그래프인 '묶은 가로 막대형'을 클릭한다.

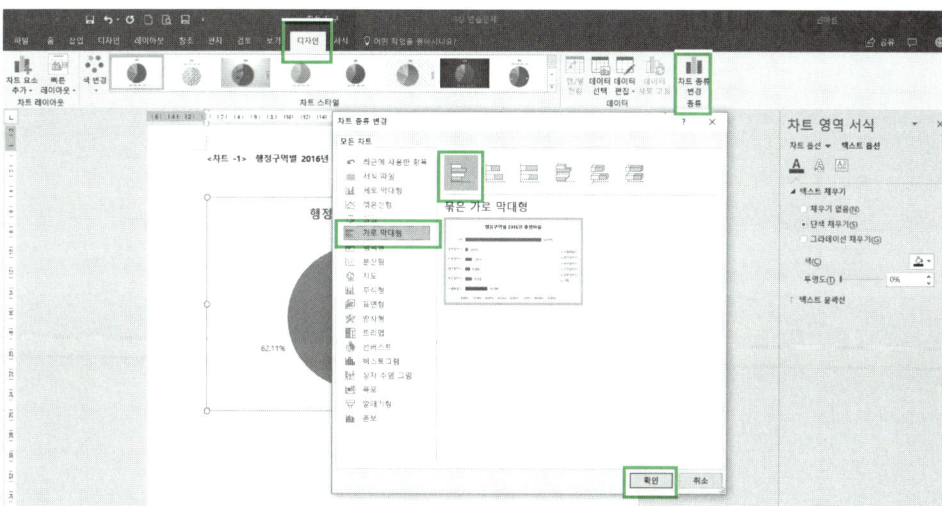

② 차트를 선택 후, 오른쪽 '차트 요소'에서 '축-기본 가로'를 체크 해제한다. 또한 범례도 체크 해제하면 아래와 같은 차트로 변경된다.

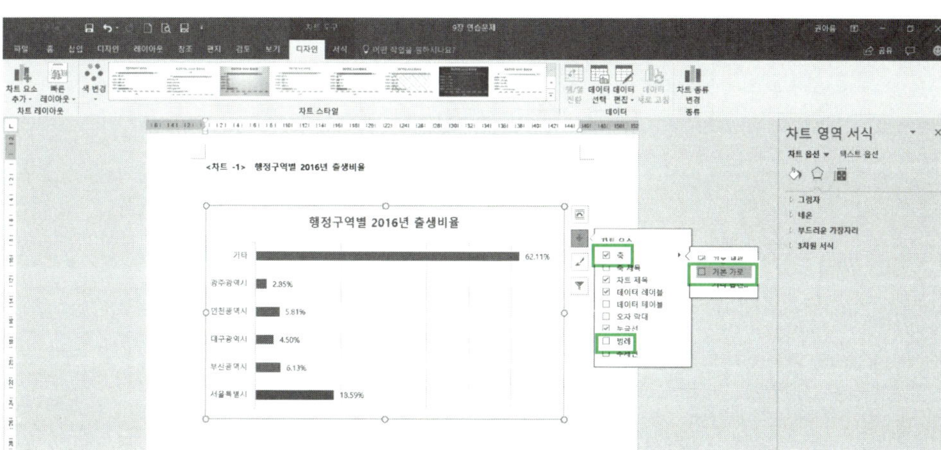

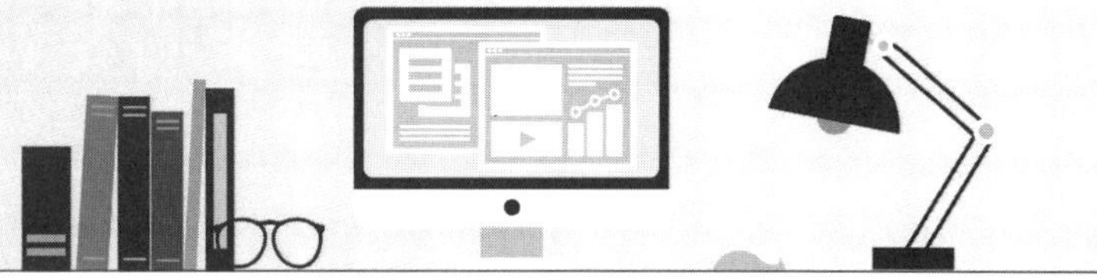

Chapter

10

스타일 작성하기

10 스타일 작성하기

Chapter

[연습시트 : 10장 연습문제]

1 스타일 적용하기

'제목' 스타일 적용하기

스타일을 지정해 두면 어떤 문서에서나 같은 스타일을 쉽게 적용할 수 있으며, 적용한 스타일을 수정하기 위해 단락이나 문자를 일일이 편집할 필요 없이 스타일을 수정하여 한 번에 변경할 수 있다.

1 제목인 '가상회사 『우수』의 윤리시스템 설립'을 블록 설정한다.
2 [홈] 탭–[스타일] 그룹의 '제목' 단추를 클릭한다.
3 제목 부분에 지정된 스타일이 적용된다.

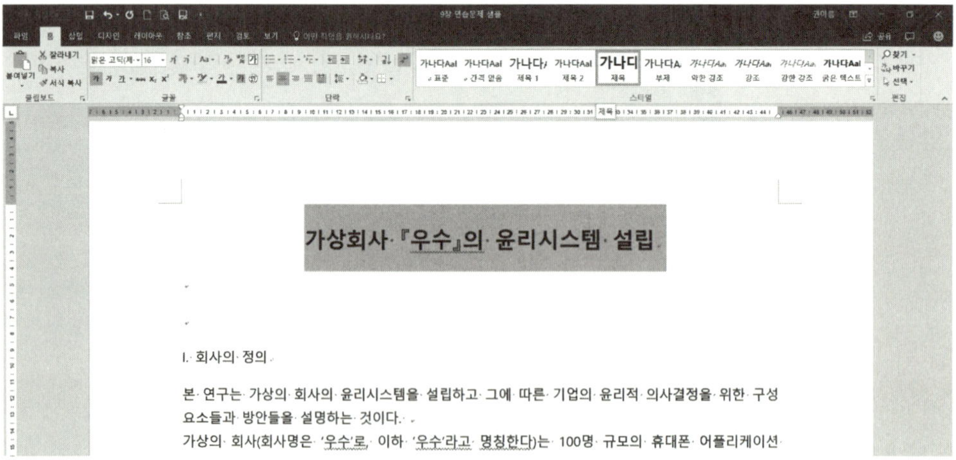

2 스타일 만들기

새 스타일 '스타일1' 만들기

① [홈] 탭–[스타일] 그룹–[스타일 만들기]를 클릭하여 새 스타일을 만든다.

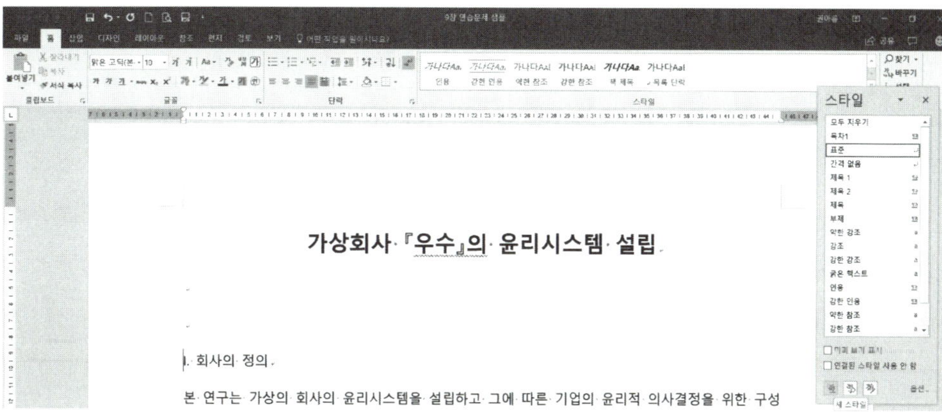

② [서식에서 새 스타일 만들기] 대화상자의 [이름]을 '스타일1'로 입력하고, 수정–서식에서 글씨체 : 굴림, 글씨크기 : 12, 굵기 설정 후 확인을 누른다.

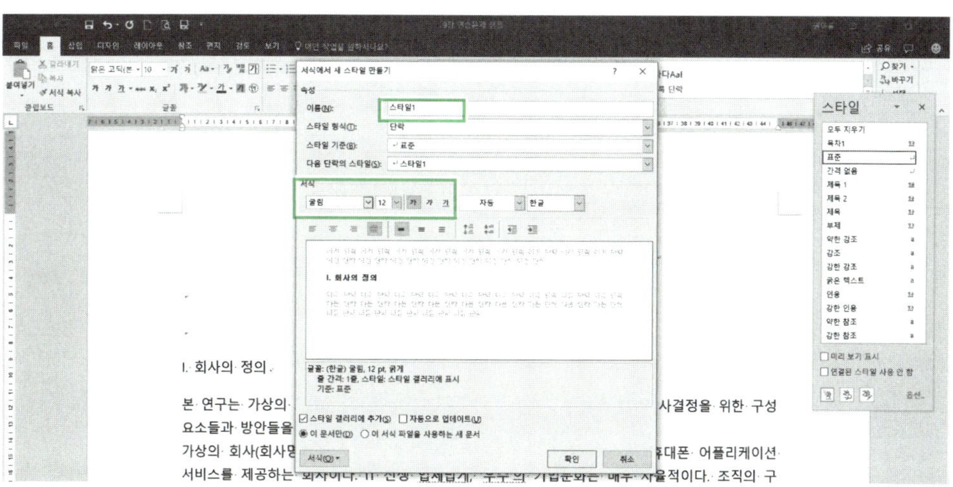

③ I. 회사의 정의, II. 기업윤리의 접근법, III. 결론에 스타일1을 지정한다.

새 스타일 '스타일2' 만들기

① [홈] 탭–[스타일] 그룹–[스타일 만들기]를 클릭하여 스타일2를 만든다.

② 스타일2는 제목 : 스타일2, 글씨체 : 돋움, 글씨크기 : 11로 지정한다.

③ II. 기업윤리의 접근법의 소단원인 1. 의무론적인 접근법, 2. 인지도덕발달이론 ~ 6. 기업의 사회적 책임을 모두 스타일2로 설정한다.

3 스타일 수정하기

1) 글꼴 스타일 직접 수정하기

① [홈] 탭–[스타일] 그룹에서 [제목1]을 마우스 오른쪽 버튼으로 클릭한 후 [수정]을 클릭한다.

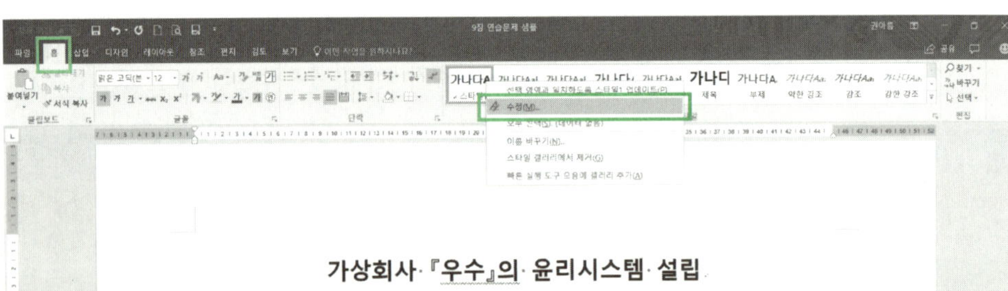

② 글씨체를 '돋움'으로 변경한 후 확인을 누른다.

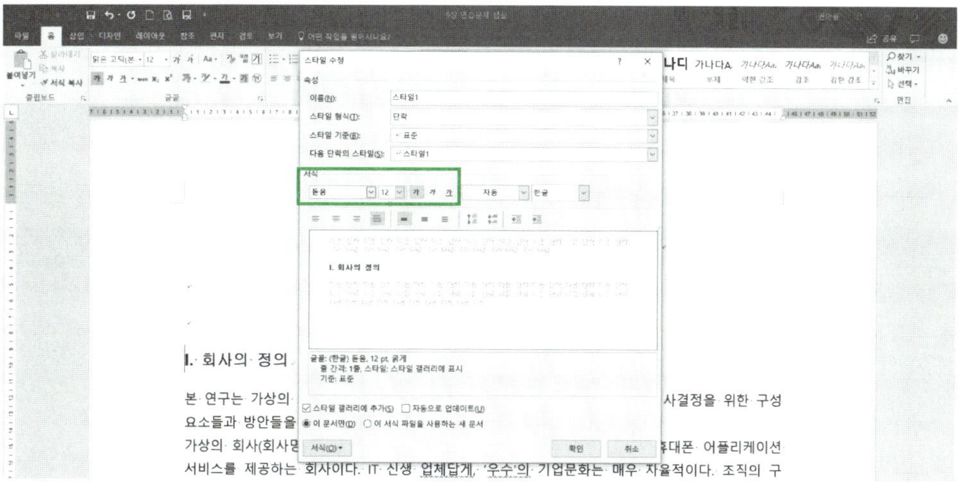

2) 서식을 적용한 단락에서 스타일 업데이트하기

[홈] 탭–[스타일] 그룹–[스타일1]을 마우스 오른쪽 버튼으로 클릭한 후 [선택 영역과 일치하도록 작은 제목 업데이트] 선택을 클릭한다.

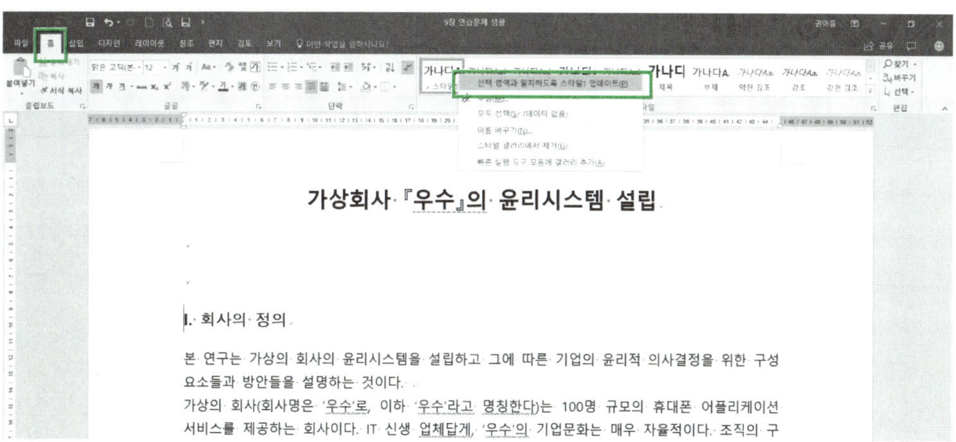

4 스타일로 자동 목차 작성하기

① 제목 밑의 빈 공간에 커서를 위치한다.

② [참조] 탭–[목차] 그룹–[목차]–[사용자 지정 목차]를 선택한다.

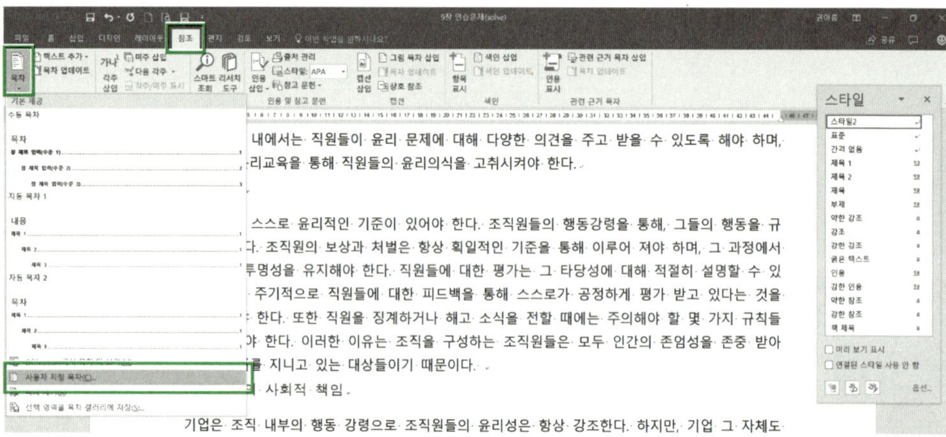

③ 목차에 필요한 스타일과 수준을 편집하기 위해 [목차] 대화상자–탭 채움선 : 첫 번째 선, 수준 표시 : 3을 설정한 후 [옵션]을 클릭한다.

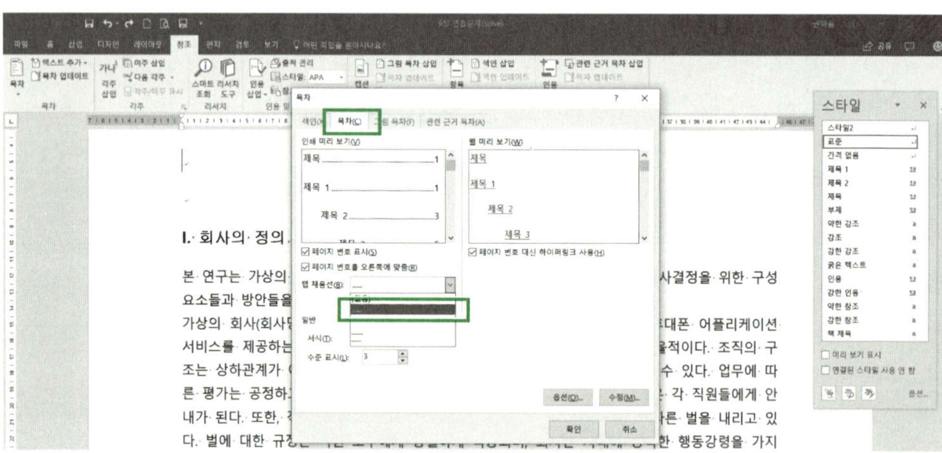

④ 목차 옵션에서 목차 수준을 스타일1 : 2, 스타일2 : 3, 제목 : 1, 제목 1 : 1과 같이 설정한다.

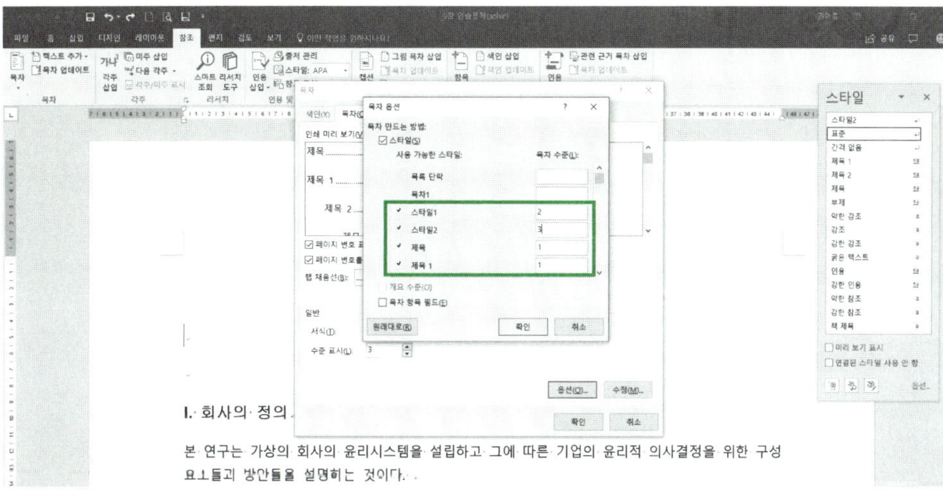

⑤ [목차 옵션] 대화상자에서 사용가능한 스타일을 편집한다.

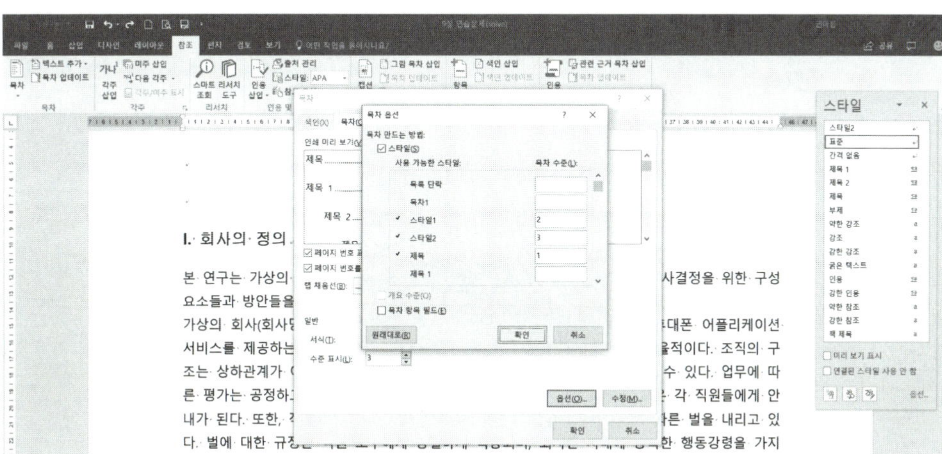

⑥ 옵션 설정 후 확인을 누르면 커서를 위치한 곳에 아래와 같이 목차가 생성된다.

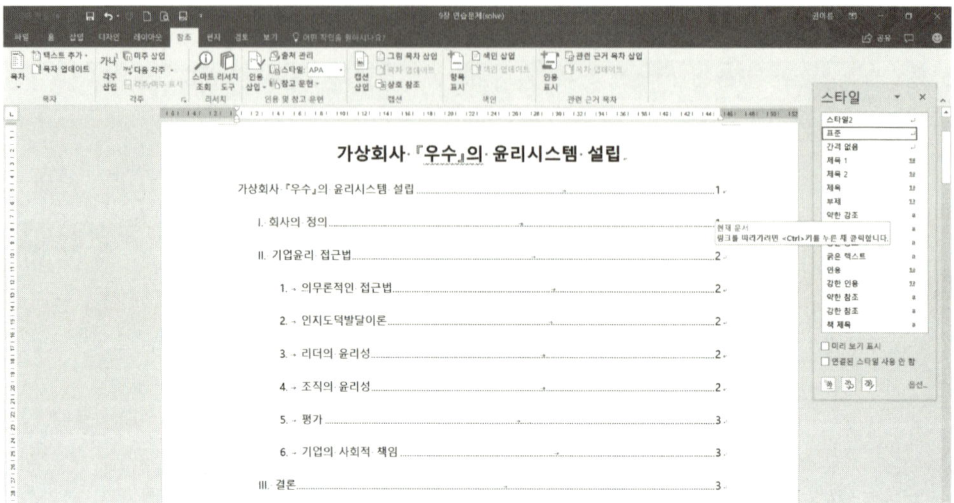

⑦ 본문의 내용이나 목차를 수정한 후에는 [참조] 탭–[목차] 그룹–[목차 업데이트] –'목차 전체 업데이트'를 클릭한다.

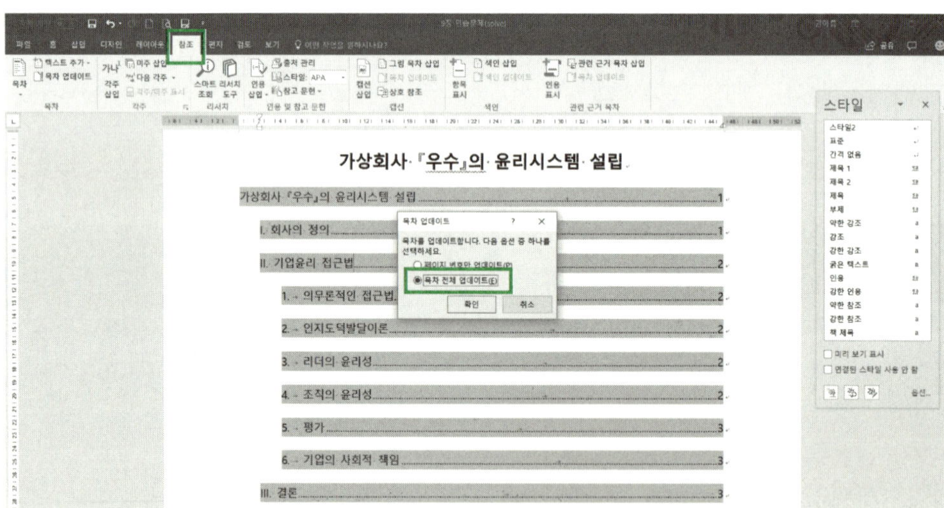

Chapter

11

편지 병합 문서 작성하기

1. 편지 병합으로 수료증 만들기

Chapter 11 편지 병합 문서 작성하기

[연습시트 : 11장 연습문제]

1 편지 병합으로 수료증 만들기

① [페이지 레이아웃] 탭에서 [용지 방향]을 가로로 변경한다.

② [디자인] 탭에서 [페이지 테두리]를 설정하고 확인을 누른다.

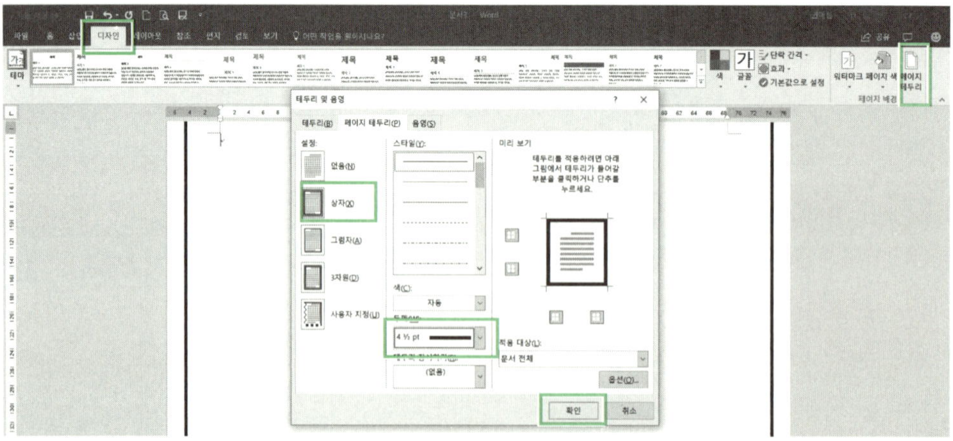

③ [디자인] 탭– [워터마크]–[사용자 지정 워터마크]를 클릭한다.

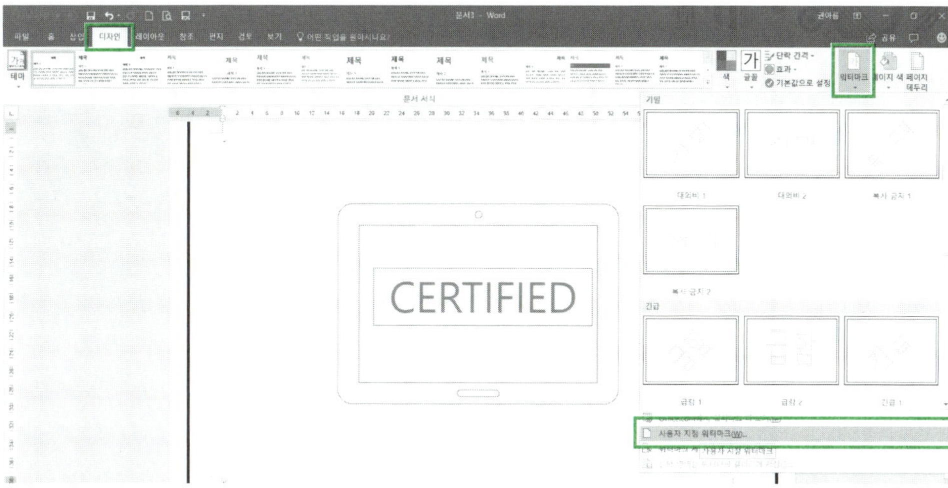

④ [그림 워터마크]를 선택한 후, '희미하게'를 체크 해제한다.

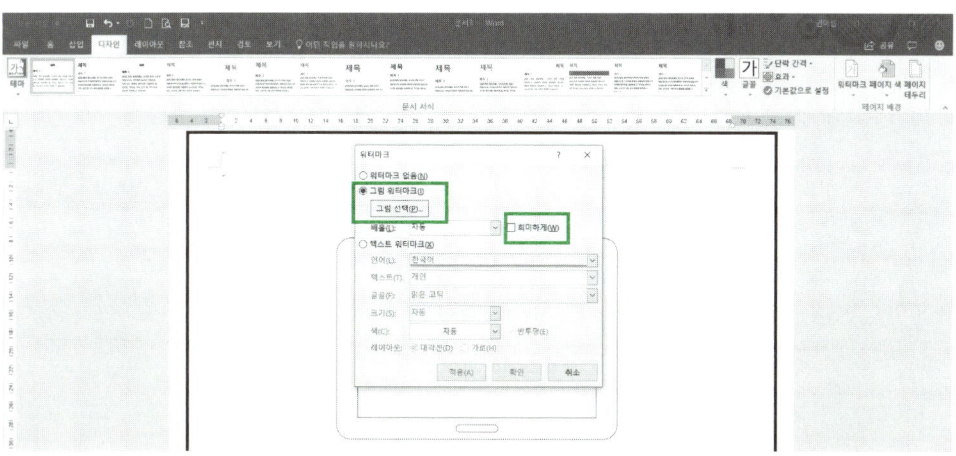

⑤ [그림 삽입]에서 '10장 로고' 파일을 선택하고 삽입을 누른다.

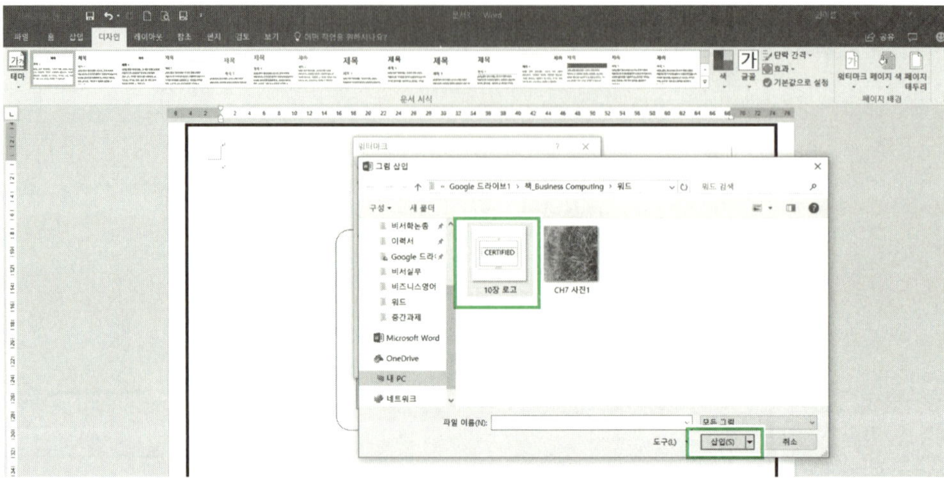

⑥ 삽입 후 아래와 같이 로고가 워터마크로 삽입된다.

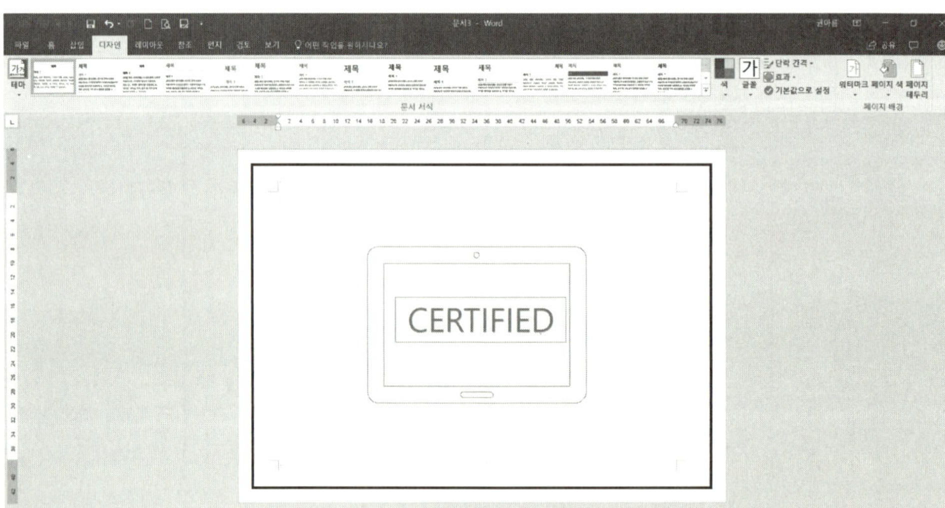

⑦ 본문 내용을 다음과 같이 입력한다.

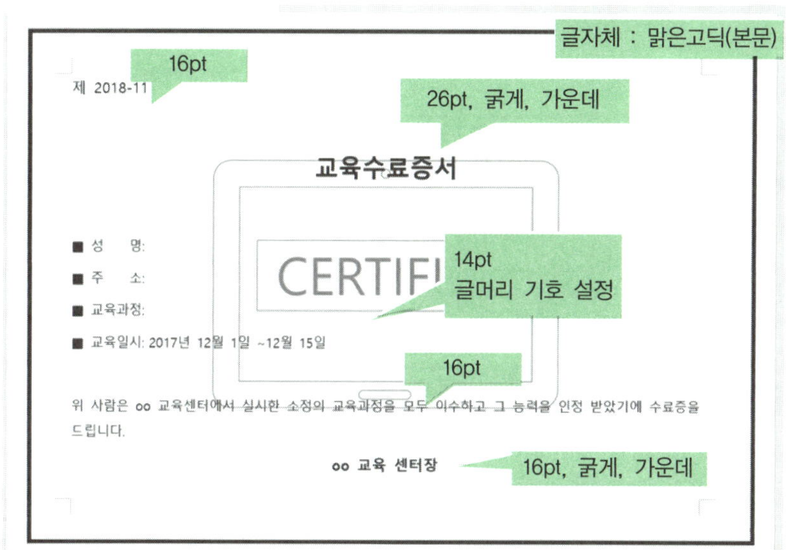

⑧ [편지] 탭-[편지 병합 시작] 그룹-[편지 병합 시작]을 클릭한 후 [편지]를 선택한다.

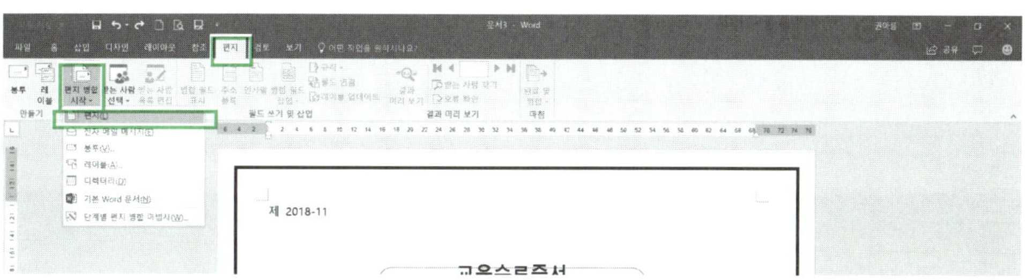

⑨ [편지] 탭-[편지 병합 시작] 그룹-[받는 사람 선택]을 클릭한 후 [기존 목록 사용]을 선택한다.

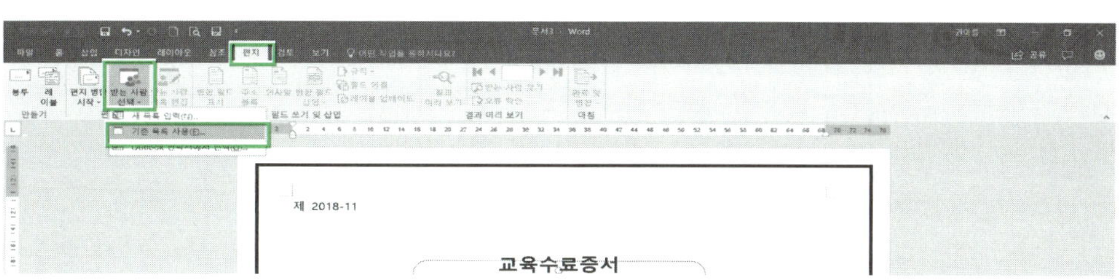

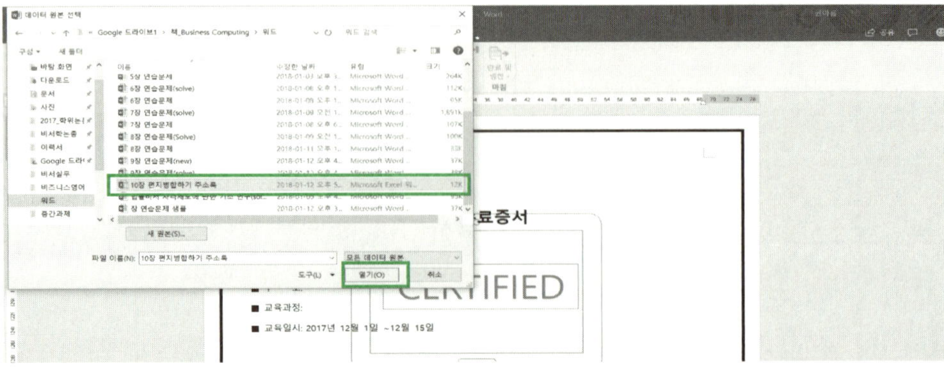

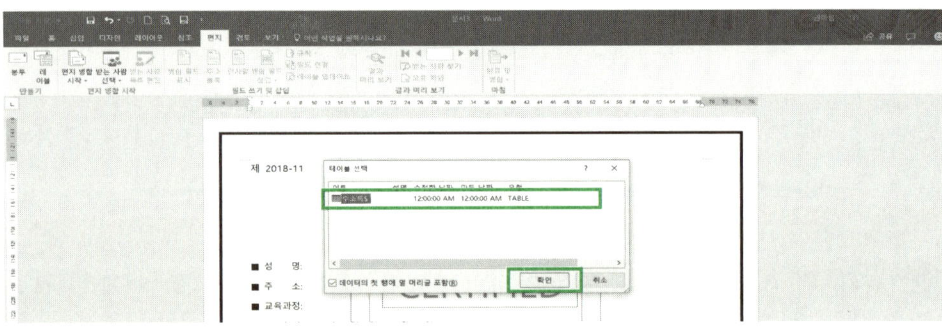

⑩ [편지] 탭–[편지 병합 시작] 그룹–[받는 사람 목록 편집]을 클릭한다.

⑪ 데이터에서 내용이 있는 15개만 체크를 선택하고 나머지는 체크 해제를 누른다.

⑫ 대화상자에서 [필터]를 클릭한다.

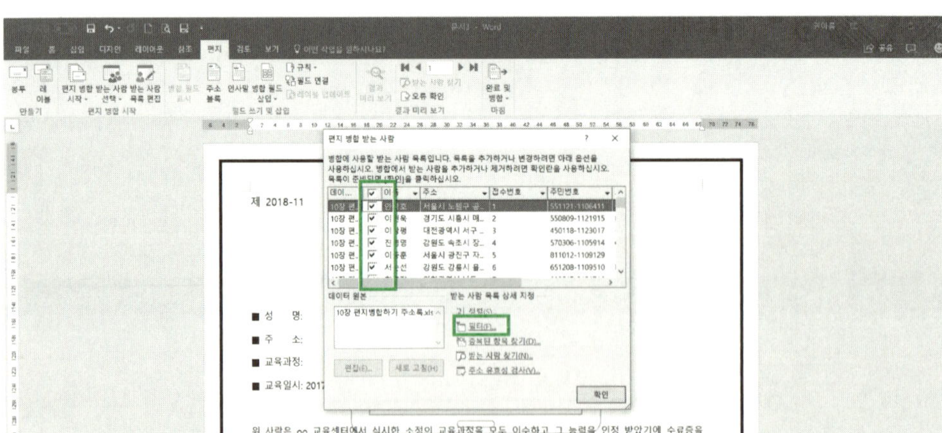

⑬ [레코드 필터] 탭에서 '필드'는 교육과정, '비교'는 포함, '비교값'은 OA를 입력한다.

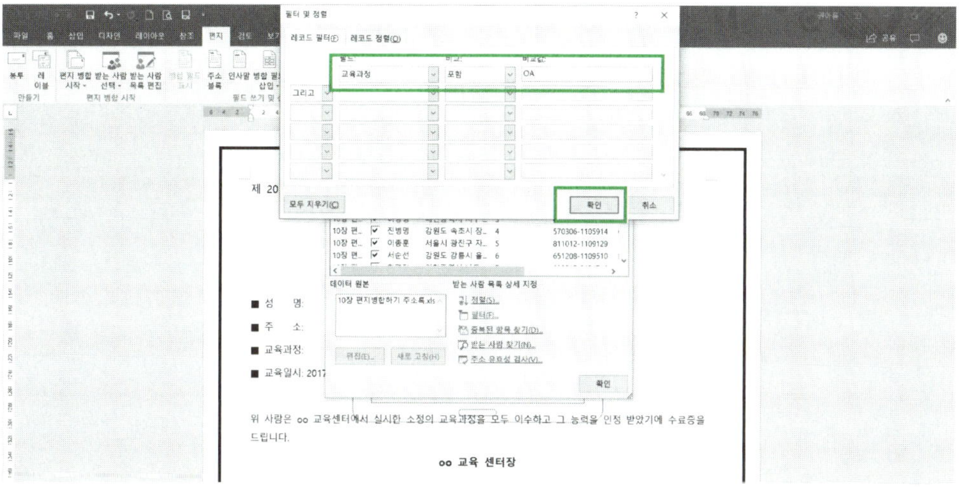

⑭ '성명 :' 뒤에 커서를 놓고 [편집] 탭-[필드 쓰기 및 삽입] 그룹-[병합 필드 삽입]을 클릭한 후 [이름]을 선택한다.

⑮ 동일한 방법으로 '주소 :' 뒤에는 주소 필드를 삽입, '교육과정 :' 뒤에는 교육과정 필드를 삽입한다.

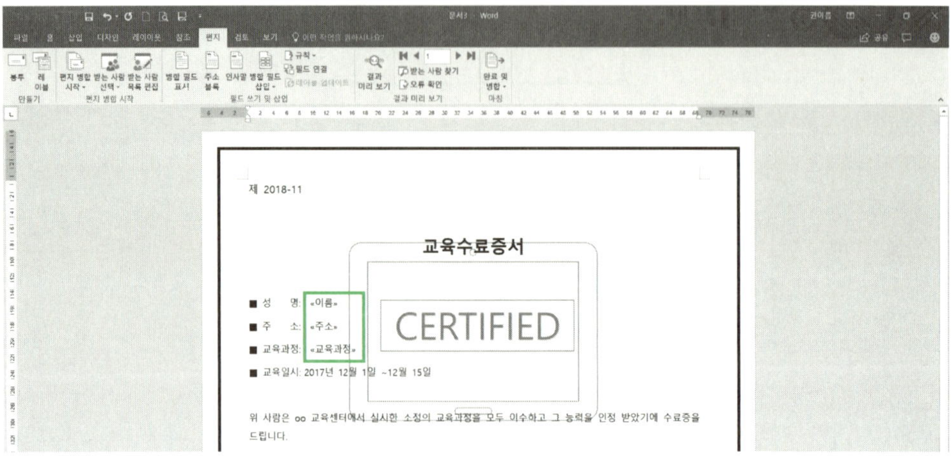

⑯ [편지] 탭–[결과 미리 보기] 그룹–[결과 미리 보기]를 클릭한다.

⑰ [편지] 탭–[마침] 그룹–[완료 및 병합]을 클릭한 후 [개별 문서 편집]을 선택한다.

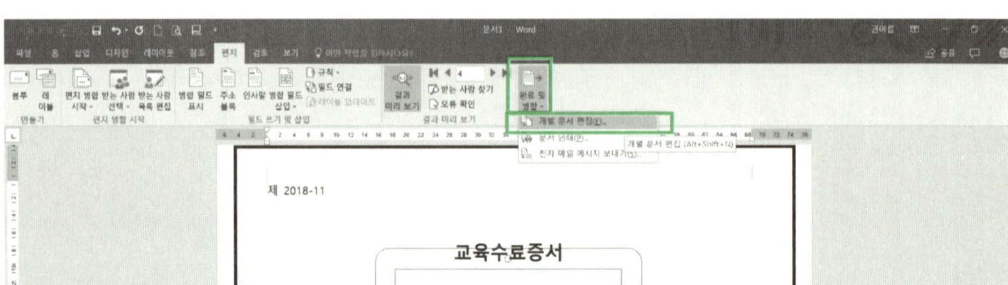

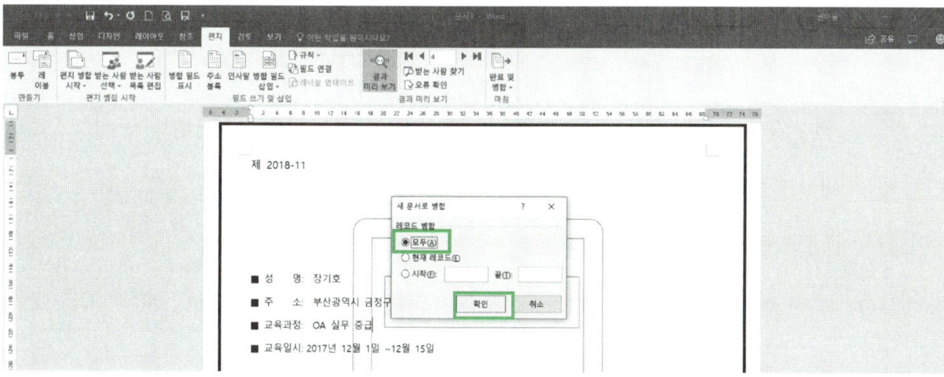

⑱ 데이터 중 교육과정 내용에 OA 단어가 포함된 4명의 편지가 생성된다.

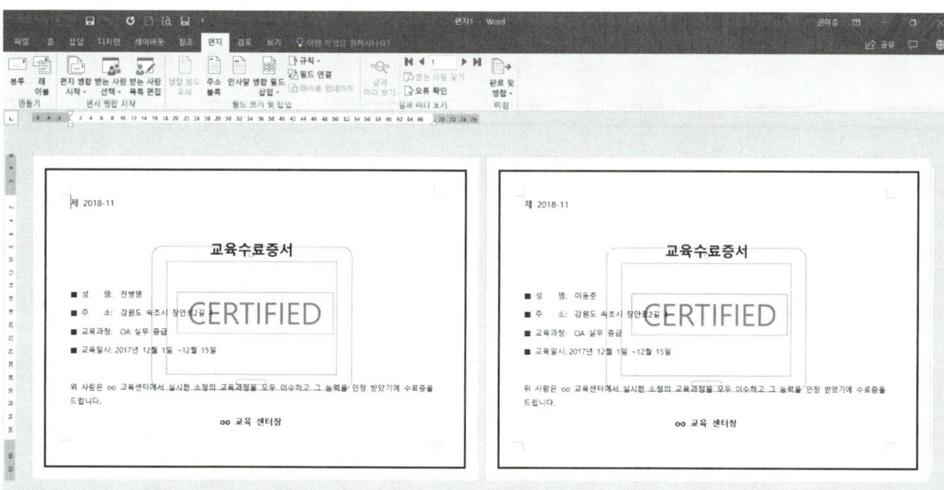

종합예제 문제

1 페이지 여백 설정

- 용지는 A4 용지(21cm×29.7cm), 세로방향
- 용지 여백은 위쪽·아래쪽·왼쪽·오른쪽을 각각 2cm, 제본용 여백은 0cm
- 머리글·바닥글 여백은 가장자리에서 1cm
- 줄 수는 한 페이지당 40

2 단 편집

- 문서 내에서 텍스트상자 영역은 1단, 아래 본문 영역은 2단으로 편집
- 2단 본문 영역은 단 간격을 2.13글자(0.75cm)로 설정하고 단 사이에 경계신을 삽입

3 글꼴 서식

글꼴은 10포인트 크기의 '바탕'으로 작성

4 단락 서식

- 문장의 들여쓰기(1글자), 내어쓰기, 여백 등은 단락 서식을 이용하여 작성
- 문서에서 줄 간격은 1줄 간격, 정렬방식은 양쪽 맞춤, 단락 뒤 간격은 각 1줄
- 각 단락의 첫 줄은 단락서식기능을 사용하여 첫 줄 들여쓰기 1글자로 설정

5 표에서 내용의 정렬방법

문자·숫자 상관없이 가운데 맞춤

6 페이지 테두리

스타일(실선), 두께($1\frac{1}{2}$pt), 상자로 설정

7 텍스트 상자

- 색 및 선 : 채우기 색(노랑), 선색 및 스타일(검정, 3pt, 이중괘선)
- 크기 : 높이 1.3cm, 너비 12cm
- 레이아웃 : 텍스트 줄 안(배치스타일)

• 단락서식을 이용하여 수평으로 페이지의 가운데에 위치하도록 설정

8 제목

13pt, HY견고딕, 장평(120%), 간격(넓게, 1pt), 그림자, 진한 파랑, 가운데 맞춤

9 단락의 첫 문자 장식

• 위치 : 본문, 글꼴 : 궁서체, 장식 문자 높이(줄 수) : 3, 텍스트와의 간격 : 0.3cm
• 글꼴 색 : 빨강

10 스타일(3개소)

• 소제목(2개소) : 스타일 이름–소제목, 서식–12pt, 돋움체, 그림자, 번호 매기기
• 표제목(1개소) : 스타일 이름–표제목, 서식–11pt, 굴림체, 가운데 맞춤

11 표

• 크기 : 너비 7.8cm~8cm
• 맞춤 : 가운데
• 표의 [옵션]–기본 셀 여백 : 왼쪽·오른쪽 0.2cm
• 제목 행 : 음영 색(연한 녹색), 글자모양(돋움체, 파랑, 굵게), 가운데 맞춤
• 평균 행 : 음영 색(노랑), 글자모양(진한 파랑)
• 데이터 행 : 행 높이를 같게
• 선 모양 : 표 안쪽은 실선($\frac{1}{2}$pt), 표 바깥의 위쪽·아래쪽은 굵은 실선($1\frac{1}{2}$pt), 표 바깥의 왼쪽·오른쪽은 테두리 없음, 제목 행 아래쪽·평균행 위쪽은 이중괘선($\frac{1}{2}$pt)

12 수식

표의 평균 행에 수식 =AVERAGE(ABOVE)를 이용하여 평균 산출

13 캡션

• 위치 : 선택한 항목 위
• 캡션의 내용을 삽입 후 레이블 및 번호 삭제, 오른쪽 맞춤, 돋움체, 굵게

14 차트

• 차트 종류 : 묶은 세로 막대형
• 차트 레이아웃 : 레이아웃 3 적용

- 제목, 항목 축, 값 축, 범례 등의 글자모양 : 굴림, 보통, 9pt
- 도형 윤곽선 두께 : 검정 $\frac{3}{4}$pt 실선
- 차트 크기 : 높이 8cm, 너비 8cm, 가로세로 비율 고정 해제
- 텍스트배치 : 정사각형
- 위치 : 문제지와 동일한 위치

15 페이지 번호

- 위치 : 아래쪽(바닥글), 가운데 맞춤
- 모양 : 로마자 대문자, 시작 번호 지정

16 머리글

휴먼옛체, 11pt, 굵게, 파랑, 오른쪽 맞춤

종합예제 결과

비서신문

비서 자격시험 응시자 현황

비서 자격시험은 1991년 노동부에서 비서 및 사무직 인력의 전문화를 위해 '국가기술자격법'의 사무관리 부분에 자격을 신설하였다. 기업에서 최고경영자가 경영능력을 발휘하기 위해서 어학능력, 경영이론, 사무실무, 대인관계 등 다방면의 전문지식과 보좌능력을 갖춘 비서가 필수인데, 비서 자격시험은 최고경영자에 대한 보좌능력을 평가하는 국가기술자격시험이다.

1. 비서자격시험의 구성

비서 자격시험은 총 1, 2, 3급으로 나누어져 있으며, 각 시험은 필기와 실기로 구분이 되고 대한상공회의소의 시행으로 연 2회 실시된다. 필기는 사무정보관리, 경영일반, 비서실무, 사무영어의 4가지 과목으로 구성되어 있고, 실기는 워드프로세서, 컴퓨터활용능력1급/2급, 한글속기 1급/2급, 전산회계운용사 자격의 합격으로 면제가 가능하다. 시험의 응시자격에는 제한이 없으며, 비서자격증 취득을 통하여 경영진의 업무를 보좌하고 수행할 수 있는 객관적인 능력을 검증받을 수 있다.

※ 비서자격증 필기시험 응시 인원

(단위 : 명)

구분	2012	2013	2014	비고
1급	2,754	2,968	3,087	
2급	2,568	2,649	2,468	
3급	776	1,103	1,028	
평균	2,033	2,240	2,194	

비서 자격시험의 필기 및 실기시험과 관련한 자세한 내용은 대한상공회의소 자격평가사업단 홈페이지에서 안내받을 수 있다.

2. 비서자격증 필기시험 응시 현황

2012년 이후 비서자격증 필기시험의 응시 인원과 합격률을 살펴보면, 전체적으로 응시 인원의 수는 늘고 있다. 특히, 비서 1급의 실제 응시 인원수는 연 3,000명 정도로 높은 편이다, 하지만 해마다 늘어나는 응시 인원에 비해 합격자 수는 조금씩 줄어들고 있는 상황이다.

| 저자약력 |

조현정

서울대학교 대학원 교육학박사(산업인력개발 전공)
이화여자대학교 대학원 문학석사(국제사무학 전공)
이화여자대학교 경영학사(경영학 전공)
현) 신안산대학교 국제비서과 조교수
    한국비서학회 상임이사
    한국코칭학회 상임이사

[주요 저서 및 논문]
- 'Easy Business Computing 1 – MS Office Excel'(공저, 도서출판 청람, 2017)
- '법률비서 탐색과 취업전략'(공저, 무역경영사, 2016)
- "Administrative Assistants' Informal Learning and Related Factors"(*Journal of Workplace Learning*, 2016)
- "전문대학에서 선행경험학습(RPL)의 학점인정 방안에 대한 연구"(한국전문대학교육협의회, 2017)
- "비서 역량모델링 : Dubois의 일반 모델 덧씌우기 방법을 중심으로"(비서학논총, 2017)
- "법률비서 자격개발에 관한 연구"(비서학논총, 2017)
- "여고생의 대학진학결정과정에서의 정보요구분석"(취업진로연구, 2016)
- "중등교사 역량모델 개발"(직업과 자격연구, 2015)
- "시대구분에 따른 전문비서 대학 비서과 역사적 사건 고찰"(비서학논총, 2013)
- "수행비서의 역할 및 직무에 관한 연구"(농업교육과 인적자원개발, 2012)
- "목회자사모의 DACUM 직무분석과 교회비서와의 비교연구"(비서학논총, 2011)
- "미국, 중국, 일본, 3개국의 비서, 비서교육 및 비서연구에 대한 비교연구"(비서학논총, 2010)

권아름

이화여자대학교 대학원 박사과정(국제사무학 전공)
이화여자대학교 대학원 문학석사(국제사무학 전공)
이화여자대학교 경제학사(경제학 전공)
전) 한국관광대학교 항공서비스과 겸임교수
    나사렛대학교 비서행정학과 시간강사

[주요 저서 및 논문]
- 'Easy Business Computing 1 – MS Office Excel'(공저, 도서출판 청람, 2017)
- '법률비서 탐색과 취업전략'(공저, 무역경영사, 2016)
- "법률비서 자격개발에 관한 연구"(비서학논총, 2017)
- "신입비서의 조직사회화 학습과정에서 일어나는 학습영역, 학습원천 및 학습 성공지표에 관한 질적 연구"(비서학논총, 2017)

Easy Business Computing 2 – MS office Word

2018년 2월 25일 1판 1쇄 인쇄
2018년 2월 28일 1판 1쇄 발행

저 자 | 조현정 · 권아름
발 행 인 | 이수영
발 행 처 | 도서출판 청람
서울시 마포구 독막로 288(대흥동, 세양상가 109호)
전 화 | 02) 3272-2601~2
팩 스 | 02) 3272-2603
이 메 일 | crbooks@daum.net
홈페이지 | http://www.crbooks.co.kr
등 록 | 2000년 8월 26일 제6-0509호

ISBN 978-89-5972-631-8 93000 [정가 13,000원]